## 나의 그릇은

_금혼식에 즈음하여

# 나의 그릇은
_금혼식에 즈음하여

**초판 1쇄 인쇄** | 2024년 11월 30일
**지은이** | 김병환
**펴낸이** | 이재욱(필명:이승훈)
**펴낸곳** | 해드림출판사
**주 소** | 서울 영등포구 경인로82길 3-4(문래동1가 39)
센터플러스빌딩 1004호(07371)
**전 화** | 02-2612-5552
**팩 스** | 02-2688-5568
**E-mail** | jlee5059@hanmail.net

등록번호  제2013-000076
등록일자  2008년 9월 29일

ISBN   979-11-5634-602-9

# 나의 그릇은

금혼식에 즈음하여

빛밭 김병환 수필집

해드림출판사

머리말

## 뚜벅이 걸음에서 나의 그릇을 살피다

저의 블로그 이름이 '빛밭 자연인으로'입니다. 올린 글이 7,000건이 넘습니다.

초기 블로그에는 '황소'라 하였습니다. 황소의 우직한 뚜벅이 걸음이었습니다. 블로그 이야기를 꺼내는 건 저의 책 3번째까지 편집 대부분 소개된 글 중에서 뽑아 손질한 것입니다.

교직 41년으로 정년퇴임(2011. 8. 31.) 하며 첫 책 '어디까지 왔나 당당멀었다(2011. 미리내)로 뚜벅 걸음이었습니다. 그땐 진정으로 축하해 주고 자랑으로 여긴 두 분 형이 생존해 있어 많은 위안이 되었습니다. 첫 책에서 필명을 '빛밭'으로 하였습니다. 그 이태 전 블로그 명칭을 빛밭으로 하였습니다. 빛밭은 고향마을 光田(전남 진도군 임회면 광전리)을 우리말로 풀어 쓴 것입니다. 이 마을 태생이고 자라서 지금의 제가 있습니다.

2019년 두 번째 책 '보배섬 광전이 어디라요(2019. 해드림출판사)'는 진도와 광전의 발자취를 엮은 책이었습니다. 시골 마을 향토사는 찾기 어려운 화제였습니다. 그땐 4형제 중 형들은 모두 가셨습니다. 어떤 성취에서 부모 형제의 축하보다 큰 격려는 없을 것입니다. 부모 형제를 생각하면 가슴이 먹먹해집니다. 마을에서는 '김병환 교장 마을의 역사 밝힌 광전이 어디라요 출판' 축하 펼침막을 해주었습니다.

　이번 세 번째 책 '나의 그릇은-금혼식에 즈음하여(2024. 해드림출판사)'는 칠순에 계획하였습니다. 글재주도 없으면서 남발하는 건 아니란 생각이 들었습니다. 올해 결혼 50주년의 금혼식을 앞두고 있습니다. 혼자만 즐기는 것이 아닌 가족 일원으로 형성된 것이니 우리의 문집으로 생각하여 글을 부탁하였습니다. 몇 년간 설득하다가 금혼식까지 출판이 어려울 듯하여 혼자의 잔치가 되었습니다. 마음에서 우러나는 글이 아니고는 글쓰기가 부담이 큰가 봅니다.

 사람마다 다른 환경에 자라서 혼인이라는 절차를 거쳐 가정을 꾸렸습니다. 자녀들이 태어나 성장하여 새로운 가정을 꾸미고 있습니다. 다정다감한 남편이 못되었고, 자녀들에게도 엄격한 아버지로 크게 와닿지 못했을 겁니다. 남들이 보기엔 무난함보다 부러움이 있는 가정입니다. 장녀는 세무사로 장남은 프로그래머, 막내는 노무사입니다. 손녀 나윤, 손자 대헌은 초등학생으로 활달합니다.

 사람의 욕심이야 끝이 없겠지만 현재를 만족하는 것도 행복이라 합니다. 자녀들이 사회의 일원으로 꿋꿋이 자라게 한 힘에는 아내의 자리매김입니다. 가정에 우환 없이 건강을 누릴 수 있는 것은 아내의 정성입니다. 자신이 직장인으로 무난히 마칠 수 있었던 공 아내에게 돌립니다. 현재의 소신껏 살아가게 한 원동력이 아내의 이해와 배려입니다.

　한때 '아는 만큼 보인다.'라는 말이 대세였습니다. 근래에는 '알고 생각한 만큼 보인다.'라 하더군요. 나아가 실행하라입니다.

　정년퇴임 후 빛밭농장으로 바뀐 오늘의 일상입니다. 조경수 가꾸기, 작물 가꾸기, 닭 기르기까지 움직일 수 있는 한 생각하고 실천했습니다. 모두 글쓰기의 원천입니다. 이번 책은 몽골 북망산천의 원류를 보고 생각하며 맺습니다. 살아온 나의 그릇에 판단은 제 글을 읽는 분들의 몫입니다.

　내 가족과 이 책 빛을 보게 한 '해드림' 임 편집장, 이 사장님께 고마움을 전합니다.

2024. 9.

빛밭 김병환

## 김병환 교장 세 번째 책을 축하하며

목포권기독교연합회자문위원
강대실

　교장 은퇴 후 자기의 생각과 흔적을 넘침 없이 기술하여 2회나 책을 발간한 이종사촌 처남인 김병환 선생이다. 나에게 글 한 편을 부탁해서 이 글을 쓰기로 했다.

　나의 처가는 진도 조도로 딸이 일곱 자매이며 큰딸이 내 아내가 되었다. 처남이 없어서 좀 서운했다. 맨 처음 목포에서 단독주택을 살 때 자금이 좀 부족했는데 오빠한테 부탁해서 대부 좀 받겠다고 해서 그러라고 했더니 이종사촌 오빠인 김병남 처남의 도움으로 집을 샀다. 병환이 처남도 자주 안부를 살피는 형제인데 퇴임 후 파주에 근거지로 삼고 농사를 짓는다고 하였다.

　사범학교 출신인 자신은 군 복무를 마친 후 66년 1월에 제대하고 3월 2일 자로 진도군 임회면 소재 석교국민학교에 발령을 받아서 근무하게 되었다.

4월 어느 날 청년들이 모여서 친목회를 할 때 아내와 인연이 되었다. 양장점을 개업해 만나게 된 김명자였다. 병환이 동생네는 임회면에서 읍으로 가는 길목에 살고 있어 우리 내외는 조도에 가려고 팽목항을 오갈 때 광전을 지나면서 오빠 집이라고 하여 왕래가 잦았다.

　3년 전인가 병환이 처남이 우리 집에 와서 감나무 전정을 해주겠단다. 우리 감나무가 200여 주인데 내가 가꾸는 실력이 없어서 제멋대로 자랐다. 처남은 경기도 파주에서 전정 가위와 톱을 가지고 목포에 왔다. 일주일간 밭에 가서 감나무와 매실나무 등 약 200주를 전정하고 돌아갔다. 병남이 형은 "우리말의 장단음"이라는 책을 저술했고, 동생 병환이는 "보배섬 광전이 어디라요" "어디만큼왔냐 당당멀었다"를 저술한 형제로서 자랑스러운 처남들이다.

　내 평생의 반려자를 만나서 지금까지 너무 행복하게 살고 있다. 교직에서 보람을 느낄 수 있었던 내 생애의 가장 행복한 일은 66년 결혼에서부터다. 그 인연에 처남의 수상집에 소감을 함께해서 너무 기쁘다.

차례

머리말 04
김병환 교장 세 번째 책을 축하하며 - 강대실 08

# 1 빛밭 울타리 50년

부부의 인연 · 16
'세무회계 다연'을 개소하는 딸아이의 사무실 · 28
또 하나의 가족으로 거듭나기 · 32
1982년생 막내의 '해고와 임금' 노무사 사무실 열다 · 36
아버지와 장형의 공덕비 선항리민이 세움 · 38
귀향 나들이 사연 · 41
환경과 관심은 인생의 방향을 결정한다 · 45
호칭의 세세년년(歲歲年年) · 57
각자도생(各自圖生) 나에겐 생뚱맞은 말이지요 · 62
기록 그 위대한 삶의 흔적 · 65
난사(蘭史)옹네 4형제 진도를 뛰어넘다 · 69
나의 어머니 崔春葉 女士 · 88
진도군 조도에 있는 나의 외가 · 90
여자가 잘 들어와야 집안이 · 95
얘들아, 외가댁도 기억하렴 · 98
집안 대소사(大小事)의 의미 · 105

## 2 뚜벅뚜벅 가는 길

넘치면 모자람만 못하다죠? 過猶不及 · 111
빛밭농장 20여 년의 변화 · 114
오천 년 역사와 함께한 짚풀 볏짚 · 138
나의 그릇은 · 143
정보의 바다에서 건질 참 정보 · 147
트럭 부린 교장 선생 자전거로 · 150
시달림은 발전의 계기임을 · 154
삶에 추임새는 계기 · 158
감성의 교육 정서를 익혀야 삶에서 행복을 누린다 · 161

## 3 하늘이여 땅이여

공감과 소통을 생각하며 · 166
신뢰는 힘이 세다 · 169

동양사상의 끈을 한국에서 꽃피는 · 172

고집과 아집 · 175

2022 노년의 '시대 따라잡기' 안간힘으로 · 179

블로그 SNS를 운영하면서 · 183

나이 70대 건강생활 챙기기 · 187

만학도(晚學徒)들이 많아지는 세상 · 190

음악과의 인연 맺기 · 193

자연이 돌게 하는 농부의 마음 · 198

## 4  발길 닿는 그곳

12년 만에 찾은 동해안 가족여행 2박 3일 · 205

백담사 템플스테이 대청봉까지 · 214

세계여행을 꿈꾸던 시절이 있었다 · 220

터! 동북삼성 그 의미를 · 225

동지와 하지를 넘나든 뉴질랜드 신비의 땅 · 244

초원과 사막에서 우리 뿌리를 엿보다 · 273

# 5 시조를 즐기다

내가 가는 세상 · 292
뿌리 · 293
젯밥과 맑은 술을 올리며 · 294
발 많이도 걸었구나 · 295
시조 길을 헤매다 · 296
살면서 거저가 있으랴 · 297
엄지족이 여는 세상 · 298
세월의 자취 · 299
손자가 태어나다 · 300
손녀의 돌잔치 · 301
고희 · 302
삶의 여정에서 더딤과 빠름 · 303
설날 생각만으로 따스해지는데 · 304
옛날에 그랬다고 해도 · 306
석양에 서서 · 307
사진의 의미 · 308

## 다듬어서 빛나라

사람도 세상사도
저절로 보이는 것
얼마나 있으랴만 어렴풋 잡히는 건
얄팍한 기대 사이에 집착하는 맘이야

뱉어 논 말 한마디
앗 뜨거 후회해도
담을 길 없으려니 누구를 원망하랴
마음속 다듬지 못함 붉어지는 얼굴빛

얼굴이 못생겼다
할 일을 못하랴만
성형이 유행이라 덩달아 고쳐대니
마음이 찌그러진 것 겉모양만 그럴 싸

날개 단 옷매무새
눈길을 끈다하네
머리를 단장하여 귀부인 티를 내도
돼지 울 진주 구슬을 짐작키나 하리오.

글, 그림 기능들은
다듬어 감탄한다
마음을 닦아감이 그것과 같을 진데
손쉽게 보이는 바탕 겉멋만을 좋아해

# 1

## 빛밭 울타리 50년

# 부부의 인연

하나, 만남

　세상에 부부의 연으로 만난다는 것.
　부부로 살아온 지 50년이 가까워져 온다. 결혼 전이야 더 나은 상대를 저울질하는 생각도 나무랄 수 없다. 서로의 믿음과 이해가 눈에 보이는 상황을 극복하게 되었다. 한 가정의 아들, 딸로 30여 년 가까이 전혀 다른 환경에서 살아오다가 한 가정을 이루게 된 것은 하늘이 준 대단한 인연이다. 그것도 섬에서 자란 청년과 서울 처녀였으니.
　청년은 성남의 초임지에서 이성에 대한 자신감보다 수줍음이 많아 소개로 만날 약속을 하고 동료 누나뻘인 윤 선생께 훈수를 구하였다.
　"아가씨를 만난다고? 내가 봐야 해."
　만날 약속을 하고 가까운 곳에 거주하여 판단의 도움을 요청하였다. 퇴근길에 선배와 버스로 만날 장소인 영등포로 갔다. 찻집에서 시간 반을 기다리다가.

"그만 가지요. 미안합니다."

"어떻게 약속했다고?"

"5일 전 오늘, 이 시각 만나자고 편지를 보냈죠."

"그럼, 편지가 안 들어가 본인은 모를 수도 있잖겠어? 그 사는 곳이 여기서 버스로 10분 내이니 찾아가 봐. 성급하게 포기하지 말고."

70년대였으니 전화가 자유롭지 않은 시절이었다. 서로의 약속은 분명 아니었다. 그녀의 집 가까이 가는 버스 정류장을 안내받아 찾아갔다. 개봉동 아파트에는 그녀의 어머니만 계셨다.

"오늘 편지를 받고 애한테 연락을 못 했어요. 곧 퇴근할 시각이니 기다렸다가 만나고 가요."

나는 혼자 자취하던 때에 안채에 살던 이의 소개로 만나게 된 것이다. 자신 소유의 집 방 한 칸에 자취하던 곳이었다. 몇 차례 방문으로 둘러본 그녀의 어머니였다. 갑작스러운 방문으로 저녁을 먹던 중 그녀가 퇴근하였다. 편지의 내용도 몰랐던 일이니 찾아가지 않았다면 인연은 끝났을 거다. 내 성격으로 약속이 어긋나면 그걸로 끝이었다. 그녀도 나름으로 서울 아가씨의 자부심이 컸다. 인연이 이뤄지기엔 그녀 어머니의 적극적인 설득도 있었단다.

그 뒤 몇 번의 만남이 있고 오간 편지들이 있었던 뒤 두 달 후 가족의 상견례가 있었다. 큰형과 어머니는 막내의 상견례 연락에 한달음에 진도에서 올라왔다. 첫 만남에서 넉 달 만에 결혼식을 하였다.

1974년 12월 27일 결혼식을 하고 방에는 작은 이불장과 라디오 한 대가 있었나 보다. 서울에서 결혼식을 치르고 신혼여행은 설악산으로 가기로 했다. 원주 가는 고속버스를 타고, 원주에서 밤 영동선을 타서 강릉에 새벽 도착이었다. 경포대를 들러 대관령에서 되돌아 낙산사가 첫 숙소로 첫날밤이었다. 이튿날엔 설악산 1박을 설악에서, 다음 날 속초 비행장에서 비행기로 서울에 돌아왔다. 생전 처음 비행기 탑승이었다.

결혼하여 단칸방에 살림을 마련하였다. 그때의 대부분 주택의 구조가 연탄아궁이에서 취사가 이뤄지고 그 위 미닫이창 안에 방이 있었다. 2월 훈풍이 있던 날 새벽잠에서 깨어 옆자리의 숨소리가 조용하였다. 나도 머리가 지끈거려 안사람을 흔들어 보니 혼절해 있었다. 들쳐 업고 의원을 찾아서야 정신이 돌아왔다. 매년 연탄가스중독으로 상당수의 희생이 있던 1970년대 중반이었다.

**둘, 가족**

아내는 전업주부가 되어 월급을 모두 넘겨주었는데 자신이 직장 생활 보수보다 적은 내 보수에 당혹감을 느꼈나 보다. 자신은 1970년대의 교육공무원이었지만 보수는 일반 회사의 3/1 수준이었다. 큰애가 태어나고 3개월 뒤 의견을 내놓았다.

"전에 다니던 회사의 사장님이 우리 사는 모습이 궁금하다고 찾아오신다는데 회사에 재취업을 부탁하고 싶어요. 갓난아이를 돌봐줄 아이를 구하면 어때요?"

"시골에서 올라오고 싶을 애들이 있겠지만 생활이 그리 힘드오?"

"당신 월급으로는 저축은 꿈도 못 꿔요."

아이는 엄마가 키우길 원했지만, 집이 가까운 곳에 나의 직장이 있었다. 아내는 안양의 직장으로 다니기로 하여 고향에서 5촌 조카를 데려왔다. 아내의 첫 월급으로 흑백텔레비전을 마련하여 조카의 외로움을 달래게 하였다. 6개월 뒤 추석 귀향을 시켰더니 올라오지 않는다고 하여 아내는 직장을 포기하였다.

아내는 결혼 전 교회 성가대의 반주 담당이었는데 결혼 후에도 일요일 예배 가기를 원했다. 나쁠 거 없어서 일요일이면 아이를 내가 돌보고 아내는 교회를 계속 다녔다. 조카가 올라오지 않은 뒤 교회 가기를 멈췄다. 2년 뒤 둘째를 가지면서 취업 이야기는 멈춰졌다.

결혼 전 형과 공동투자로 집을 마련하여 2년 뒤 이자까지 돌려드렸다. 나에겐 어떤 목표에 불이 지펴지면 돌진하는 습성이 있다. 성남시에 직장을 갖고 세 번의 집을 바꾸며 집 고치기를 하여 원하는 가격을 받았다. 1979년엔 새집을 짓기에 이르렀다. 이층집으로 1층 방은 전세를 주고 우리는 2층에 살았다.

되돌아보면 매력이라고는 찾아보기 힘든 멋없는 남편이었다. 그렇지만 목표를 이야기하고 그 성취를 함께 느끼게 하는 것이 믿음을 주지 않았나 생각이다. 아무리 부부의 인연이라 하지만 서로에 공감이 가지 않고서는 둘 사이에 새 생명을 두고도 서슴없이 갈라서는 세태이다. 그 위기는 서로에 믿음과 이해가 약해질 때이다.

살아가는 과정에서 종교를 통한 갈등이 큰 편이다. 주변에 개신교 신자들이 많아,

"자네는 목사 같아. 우리 함께 교회 다니면 어때?"

듣기 좋은 말로,

"저는 토속 신앙에 더 관심이 많습니다."

라고 대꾸하였다.

신축한 집의 뒤쪽이 빈터였다. 같은 시기에 함께 집을 지은 집에서 빚잔치로 빈터에 판잣집을 지었다.

"형편이 어려운데 댁에서 전기와 수돗물을 쓰게 해주면 어떨까요?"

흔쾌히 도와드렸다. 우리 아이들이 대여섯 살이 되어 집에서는 밥을 잘 먹지 않으면서 아주머니네 밀가루 음식은 잘 받아

먹었다. 독실한 성당 집안이었는데 아저씨께서 빚잔치 충격이 컸던지 60 초반에 세상을 버렸다.

"뒷집에 성당에서 쌀 세 가마와 연탄 삼백 장을 가져왔는데 아주머니께서 단호히 더 어려운 집에 나누라고 돌려보내데요."

집사람이 전한 말이었다.

셋, 이해와 배려 신뢰

"나 아주머니 따라 천주교에 입교하고 그분을 대모로 세례 받고 싶은데 어떻게 생각해요?"

하였다.

어려운 생활에서도 아주머니의 당당한 행동에 감동이 컸던 터라 반대할 이유가 없었다. 그 뒤 집사람은 40년 넘게 신자로 봉사활동을 하고 있다. 아이들도 엄마의 인도로 세례를 받아 나가고 있다. 자신이 막내로 큰형이 모시던 어머니의 기제를 받기로 했을 때 집사람이 선뜻 받아지지 않았을 경우 인연에 금이 있잖았을지…. 개신교로 남아서 갈등을 가지지 않은 것도 부부의 인연으로 하늘의 살핌이다.

살아온 나날 늘 평온만 있었으랴. 의견의 차이로 얼마간 말 없이 지내기도 했고, 큰 소리가 오갈 때가 있었으나 아이들이 있는 곳에서는 참고 삭였다. 그러다 사과하고 풀어지길 여러 차례. 서로의 신의와 체면, 의지를 지켰기에 그 끈은 지탱되고 있는 거다.

첫애가 생기고 우리는 합의를 했다. 아이들을 훈육하는데 우리가 의견이 다를 수 있다. 아이들은 판단이 확실하게 설 나이까지는 아이에게 야단을 칠 때 서로 간섭하지 않기다. 이 경우 아이의 판단에 혼란을 준다면 부모의 잘못이다. 서로 차이가 있었다면 아이를 피해 의견을 나누기로 하자. 간섭하고 싶은 어떤 경우도 현장에서 다투는 일이 없었다.

빠듯한 봉급으로 생활하며 더 나은 앞날을 위해 저축하며 집안 살림하기가 힘들었겠다. 집을 짓고서는 전세가 나가지 않아 대여섯 달을 월급에서 이자를 내면 남는 게 없어 다시 빚을 얻는 상황에서 한 달 생계비로 3만 원을 주며,

"어떻게 꾸려 봐요."

했으니.

"아이 셋을 데리고 어디 다녀올라치면 택시는 엄두도 못 냈죠. 달걀 하나 부쳐 세 아이에게 나눠 먹이던 생각을 하면 다 자랐지만, 애들에게 늘 미안한 마음이지요."

할 때는 할 말을 잃는다. 교사의 보수가 적은 것은 둘째로 전세금을 받아 얇은 귀로 어렵다는 사람에게 빌려줬다가 어렵게 원금 회수, '앉아서 주고 서서 받는 꼴이라니' 원금까지 잃은 일이 있었다. 그걸 안 장모님께 호된 야단을 받고 눈물을 흘린

일도 있었다. 그래도 남편과 아내로 서로의 의지와 성실함이 오늘을 일구어 왔지.

인연의 완성은 신뢰이다. '팥으로 메주를 쑨대도 믿는다.'란 말이 있지만, 모두를 믿지 않는다고 하더라도 짝꿍이 나를 속이기 위해서나 어려움을 주기 위해서는 아니다. 이런 신념은 극단적인 최악의 사태를 피하게 한 것이다.

이혼이 손쉽게 이루어지는 세태이다. 결혼 5년 내 이혼은 신혼 이혼이고, 결혼 20년 이후 이혼은 황혼이혼이라는데 노년에 들어선 가족으로 40년을 넘겼다. 서로가 아쉬움으로 살아온 날보다 세상을 떠날 날이 더 짧다. 건강한 인연의 삶이 세상을 떠나는 날까지 함께하기를 기대한다.

넷, 새로운 가정 꾸리는 아들과 며늘아기에게
　꿈은 행동으로 얻어지는 거란다.


　시열아!
오늘 축복받은 날 많이 많이 축하한다.
어찌 父子의 연으로 만나 부족함 많은 아비로 부끄럽구나.
살아오면서 스스로 일에 몰두하다 보니 가정을 엄마에게 거의 맡기다시피 한 일이 부끄럽다. 발전 가능성이 컸던 너에게 기대만 크고 끌어주지 못한 자신을 탓한다.

퇴임하고 어느 책을 보니 후회 없는 생활인이 되기 위해 관련된 서적을 3권 이상을 보라 했더구나. 직장인, 생활인, 부모, 부부 등 되기 위한 사전 준비를 하라는 것이다. 뒤늦게야 허둥지둥 준비할 때는 원하는 만큼 성과를 얻기가 힘들다는 뜻이겠지? 섬의 농촌에서 태어난 아비는 남들이 보기엔 성공하였다고 부러워할지 모르지만 꿈 많던 소년의 바람이 어찌 모두라 하겠니. 그래도 너희 엄마 만나 가족을 이루며 삼 남매를 키운 것에 비할 수 없지.

시열아!
세상살이는 아무리 완벽하게 준비한대도 차질이 있기 마련 아니니?
그래도 최선을 다했을 때는 후회는 반감되지.
자라는 환경은 그 사람의 인격에 많은 영향을 주지?
네가 자녀를 키울 때는 편의를 위한 추구에서 도시 생활보다 시골 생활을 권하고 싶다. 자연에서 얻어진 정서는 지식을 위한 치열한 경쟁보다 사람다운 면모를 갖추게 될 거다.
네가 서너 살이었을 거다. 추석날 엄마는 몸이 불편하다고 집에 있고 너를 데리고 응암동 친척 집을 방문했지.
"아빠, 달이 우리를 따라와요."
"그래, 네가 예뻐 그러나 봐."

샘이 많고 적극적이던 너의 태도에 엄마는 영재교육을 하면 어떠냐고 했지. 사실 아비는 그 방면에 아는 바도 없었고 꼭 그럴 필요가 있나? 보통 사람이면 되지 생각했었다. 내가 할 수 있었던 것은 네가 책을 좋아하니 그걸 대주는 일로 모두였다.

누나 3학년 때이니 네가 1학년일까? 겨울 방학을 앞두고 "한국사 이야기 12권"을 누나 역사 공부에 도움 되게 읽으라고 가져다주었을 때 한 달이 못 되어 네가 먼저 끝냈을 때 얼마나 놀랐던지.

오늘 새 가정을 꾸미는 축하의 날 퇴임 후 발견한 귀한 책을 소개한다. '칼 비데의 공부하는 즐거움'이다. 네가 집에 오면 주려고 생각한다.

너만을 생각 말고 함께 꾸미는 행복한 가정 꾸리기 바란다.

좋은 꿈 꾸어라.

2013. 4. 27.
아비로부터

함께 이룬 보람은 몇 배가 된다.

새아기 보아라

아가야!
꽃피는 계절 너의 만남을 세상에 알리는 날이구나.
축하한다. 귀염으로 오늘까지 너를 키워서 내 아들과 짝을 맺게 해주신 사장님과 사돈께 감사드린다. 30년이 넘는 기간을 정성으로 키워오신 세월 만감이 우리보다 더하실 거다. 잊지 말아라.
사람은 자라온 환경에서 습관이 형성된단다. 그 습관을 새로운 가정을 꾸밈으로 양보하고 이해하는 과정이 물 흐르듯 이뤄져야 할 거다. 의견 충돌의 기간이 길면 서로 만남의 환상에 흠이 생기게 되지.
오래전 라디오에서 부부관계를 이야기하였는데 기억나는 것이 있구나. 남편은 여러 가족이라 양말을 꼭 짝끼리 끼워놓아 내놓았다지. 아내는 적은 가족에서 양말을 벗어 욕실에 던져 놓으면 어머니께서 빨아주셨나 봐. 끼워놓는가, 그냥 벗어 놓는가로 부부가 티격태격하면 되느냐는 말이었다. 좋은 점은 서로 칭찬하고 이해하고 양보하는 가운데 행복의 꽃은 피워질 거야.
아가야! 지금까지는 너의 집에서 부모와 자식, 남매로 거기에 친척이 있겠지? 회사에 다녔으니 직장 동료가 있었을 거고.

그런데 새 가정을 꾸미며 친정과 시댁, 거기에 친척까지 생각과 처신의 범위가 훨씬 넓어졌지? 혼란스럽고 귀찮을 때도 있을 거다.

  그걸 슬기롭게 넘겨 가며 비로소 어른이 되고 가족을 형성하게 되겠지? 현명하게 처신하리라 믿는다.

  산을 오르는데 오르막이 있고, 내리막도 있겠지? 즐거운 일이 있고, 힘든 일도 있듯이 말이다. 그런데 사람의 마음은 어떻게 마음먹느냐에 따라 기쁘기도 하고 지겹기도 하더구나.

  귀염을 받고 미움을 받는 건 당사자의 할 나름이란 말이 있지. 너무 무거운 이야기라고 긴장하진 말아라. 특별한 시댁 아니고 보통 사람들이다.

  오늘 많이 긴장하고 힘들었겠다.

  좋은 일만 생각하여라.

  꽃피는 계절이다.

  바람 없는 화창한 봄날이었다.

  하늘도 너희의 행사를 축복한 것이다.

  둘의 앞날은 활짝 열렸다.

  두 사람의 함께 가꾸는 행복은 훨씬 쉽다.

  기쁨은 배가된다.

  행복한 꿈 많이 꾸거라.

2013. 4. 27. 시아비 쏟다.

# '세무회계 다연'을 개소하는 딸아이의 사무실

딸아이는 우리 가정에 첫딸로 태어났다. 새벽부터 진통이 와서 영등포 영일병원에서 출산하였다. 친정이 가까운 개봉동이었다. 신혼집이었던 성남에서는 뒷바라지를 해줄 마땅한 이가 없었다. '첫딸은 살림 밑천'이라는데 넉넉지 못한 교사의 가정에서 태어났으니 공주처럼 떠받침은 없었다. 학교에 다니며 할아버지께서 서당 훈장을 하였고 아버지가 교사이니 선생이 되겠다는 희망을 말하여 퍽 대견하게 생각했다. 고등학교 2학년 무렵,

"아버지, 저 교대는 싫어요."

"사범대학도 있는데…. 네가 잘 생각해서 하렴."

말썽 없이 자랐기에 의견을 존중해 주기로 하여 진학은 서울에 있는 대학교 수학과를 택하여 들어갔다.

"기회 되면 교직과 이수를 생각해보렴. 중등교사에서 수학과

는 인기 과목이다."

하였다. 대학을 다니면서 생활비는 과외지도에서 수요가 많은 과목으로 대학 생활을 하였다. 졸업하고서 취업이 안 되어 몇 달 학습지 교사를 하다가 금융감독원으로 들어갔다. 그 뒤 SK 계열사에 들어가서 10여 년 잘 다니다가,

"아버지, 사표를 내고 '세무사' 시험을 준비할래요. 근무 중인 이 회사는 40대에서 거의 사표를 받는데 한 해라도 일찍 나오는 게 좋겠어요. 동생이 노무사이니 사무실을 내더라도 같이 낼 수도 있고요."

아비 살아온 생각과 방법이 다르다. 3년을 발버둥 끝에 세무사시험 합격을 하였다. 마음고생도 컸을 것이다. 세 번째 시험을 치르고 발표를 기다릴 때,

"이번 안 되면 생각을 바꿔봐라."

했다. 6개월 세무사무실 수습 기간을 거쳐 국세청 상담 봉사를 하였다. 업무에 도움이 된다고 교통비 정도 봉사료를 받았다. 주변에서 상속세, 회사 재무상담을 처리하다가 이번 서울특별시 마포구 독막로 250, 2층에 사무실을 열었다. 가까이에 대흥역이 있고 '마포세무서 사거리'이다.

'세무회계 다연'

봄부터 사무소 개설로 서울 나들이가 잦더니 11월 세무사무실 자리가 있어 가구를 들인다. 정리한다고 하였다.

"전세 계약을 해야 할 터인데 자금이 필요치 않니?"

"그 정도는 모아두었어요. 동생들 필요하다는데 도와주세요."

하였다. 12월 개업을 한다고 하니 아내는 떡을 준비하여 돌릴 계획이었다. 코로나 사태로 거리 두기와 모임 자제가 권장되며, "사무실 집기는 집에서와 동생들 도움으로 끝났어요. 개업식 없이 일 시작할게요." 한다. 첫날 자문 자영업자 계약을 했단다.

"매달 자문료를 받고 세무관리를 해주죠. 열 군데만 맡아도 한 달 임대료는 돼요."

2000년대 초 자신이 토지를 판 일이 있다. 세무신고의뢰비 20여만 원을 아낀다고 자신이 처리하였다. 양도소득세가 6천만 원이 나와 국세심판원 소송에 걸려 2년 동안 마음고생을 겪었다. 1,500만 원을 세무사 도움으로 해결한 일이 있다. 20만 원 해결할 일을 잘되었으니 천오백만 원이지. 마음고생과 시간 낭비는…. 톡톡히 지불한 인생 공부였다.

경제생활의 폭이 넓어지며 소득과 세금 문제는 많아지게 마련이다. 세법이 자주 바뀌기에 절세를 위해 전문가인 세무사의 도움이 필요하다. 작년 한 지인의 상속세 처리로 몇억의 절세를 주어 사례를 톡톡히 받았다고 한다.

"일이 잘 풀릴 듯해요. 간판을 달고 두 건의 주문을 받았어요."

"그래, 수험 기간 힘든 과정 잘 풀려가길 기원한다. '세무회계 다연' 성공을 바란다. 순풍에 돛을 달아라."

또 하나의 가족으로 거듭나기

김시열

어렸을 때 학창 시절은 나름 읽은 책이 많았습니다. 1988년 초등 5학년 성남에서 서울로 이사 오고 5년간은 학교생활이 힘들었습니다. 친구들의 괴롭힘으로 순탄치는 않았지요. 서울 토박이들이라 시골 출신이면서 공부에는 뒤지지 않으니 눈엣가시였겠죠. 여러 차례 학교에서 싸웠던 기억이 있습니다. 집안 형편상 입시학원이나 과외와 거리가 멀었습니다.

친구들과 어울리기보다 지하철을 타면 교보문고에서 종일 책을 읽을 수 있었죠. 독서량 덕택인지 학업성적이 비교적 상위권에 속했습니다. 서울 소재 대학의 공학부에 입학하여 전공을 컴퓨터공학으로 정했습니다. 어릴 때 게임과 컴퓨터에 관심이 많았던 것이 계기가 되었습니다, 어떻게 보면 지금까지 삶이 일관된 방향으로 흐르고 있는 것 같습니다.

대학을 다니던 도중 6·25 이후 최대의 국난이라던 IMF 사태가 발생했습니다.

군 생활 첫해는 신병교육대 생활 후 파주에 있는 여단에 배치되었네요. 유류 보급을 담당하는 3종 계원으로 생활하였습니다. 11월경 육군본부에서 전산 경험이 있는 인원을 차출한다고 해서 신청하였습니다. 이듬해 1월 초 짐을 싸서 대전으로 이동했습니다. 담당한 업무는 육군의 전시 작전 시스템(일종의 ERP에 해당)에 대한 시범 체계 구축 사업이었습니다. 나중에 알고 보니 이것도 IMF와 연관이 있더군요. 원래는 외주 프로젝트로 진행하려고 했다가 군 자체 인력으로 결정된 일이었습니다.

이후 군대 생활은 전방에서 있을 때보다는 내무생활에서 비교적 고참이라 어려움은 없었지요.

이후 10개월 동안 개발 프로세스가 오늘날처럼 체계화되지 않은 상태에서 프로그램 개발, 버그 수정 및 문서화 등으로 여러 날 밤을 지새운 날도 많았습니다. 누구나 가는 군대이긴 하지만 전역 후에는 나름 집안에서 유일하게 국방의 의무를 완수하고 왔다는 자부심이 있었습니다. 당시에는 군대에서 전공 분야에 대한 실무 경험을 쌓고 나왔기에, 무슨 일이든 잘 될 것이라는 막연한 기대가 있었습니다.

마흔을 훌쩍 넘은 지금에 와서 보니, 그 기회를 찾고 구하는 것도 오롯이 본인의 노력이 필요한 부분이더군요. 고유의 그릇에 세상에 마음대로 저절로 오는 것은 없었습니다. 뭐든 구하려고 피나는 노력을 해야 오는 게 맞는 것 같습니다.

복학 후에는 군대에서 사용했던 기술로 몇 가지 프로그램 아르바이트를 하여 생활에 어려움은 없었습니다. 졸업 시점 실무 경험이 있다는 강점을 잘 살리지 못해 IT 쪽 아르바이트를 전전하는 등 취업 문제로 어려움을 겪다가, 2005년경 국방부 프로젝트에 투입되어 2년 동안 일을 하였지요.

프로젝트 계약이 끝난 직후 2008년 초 당시 국산 시스템 S/W로 이름이 있던 모 회사에 입사하여 총 13년을 근무했습니다. 나름 회사에서 업무 실력으로 인정받는 위치에 있었고, 데이터베이스 제품군으로 많은 프로젝트를 성사시켜 왔던 기억이 납니다.

세월의 흐름에서 아이가 둘이 태어났습니다. 결혼하고 아이들이 태어나면서 삶의 가치관도 많이 변하게 된 것 같습니다. 그전까지는 회사의 일이 1순위였고, 업무를 완수하고 성취하는 것이 삶의 주요 목적이었습니다. 이후 가정의 우선순위가 커지게 되었고 가장으로서 책임감이 커졌습니다.

아이들이 어릴 적에 한밤중에 아프다고 응급실에도 몇 차례 가기도 했습니다. 지금도 또래에 비해 키가 작은 편입니다. 공부보다는 노는 것에 관심이 더 커서 걱정이 있기는 합니다. 11년간 여전히 외출할 때 아빠 손을 찾는 큰딸과 장난꾸러기이긴 하지만 점차 커가는 아들을 바라봅니다. 인생이 쉽지만은 않지만 이런 데 기쁨이 있는 게 아닌가 합니다.

  이 아이들이 앞으로 커서 각자 새로운 가정을 꾸리고, 그들의 아이들이 또다시 가정을 꾸리고, 이것이 계속 이어져가는 것이 앞으로의 희망이 아닐까 싶습니다. 마치 나무에서 꽃이 피고 열매가 열려 다른 곳으로 이동하여 새로운 나무가 뿌리를 내리고, 그것을 계속 반복하는 것과 같이 말이죠.

장남 김시열

## 1982년생 막내의 '해고와 임금' 노무사 사무실 열다

　사회문제가 복잡 노동자에게 임금문제와 사업장 각종 사고가 생깁니다. 2009년 막내가 직장에 다니다가 사표를 냈습니다. 노무사시험 도전 2년째 합격을 하고 노무사 사무실에 다녔습니다. 작년 지방에서 일을 한다고 40년 함께한 집에서 독립해 나갔습니다. 춘천에서 공무직으로 일한다며 자취를 하더니 결혼식 없이 동거하겠답니다.
　진즉 결혼을 했다면 독립해야 할 나이가 지났습니다. 2주 전,
　"아버지, 저 서울 마곡지구에 사무소를 내려고요."
　"지방은 사표 낸 거니? 공직도 괜찮다고 생각했는데……."
　"그리했어요. 다음 주 문 열어요."
　오늘은 아내와 누나가 사무실을 찾기로 한 날입니다.
　아비로 보탬을 주는 일 없이 스스로 일 처리를 해가니 고맙긴 하지만 늘 미안한 마음입니다.

주변의 친구들 보면 거의 집 장만은 해주는데…….
우리 아이들은, 아예 기대하지도 않습니다.
고사떡도 원치 않으니 고사나 지내주려 축문을 작성했습니다.
아내에게 간단한 음식을 만들어보면 어떻냐고 했습니다.
농장에서 나온 재료로 두세 가지 재물을 마련했습니다.
못마땅하지만 부모의 의견에 따라주었습니다.

### 祝文

檀君紀元 4356년 癸卯년 9월 壬戌에 홍열삼가
지신과 조상님 전에 고하나이다.
세월이 흘러 조상님과 주위의 음덕으로
불혹을 넘긴 나이가 되었나이다.
노무사로 그동안 닦아온 경험과 이론으로
'해고와 임금' 노무사 사무실을 열게 되었습니다.
저의 사무소를 찾는 모든 분 마음의 어둠이 걷히도록 보살펴주시옵소서
주변과 기꺼이 어울리도록 도와주소서
소찬을 준비하여 지신과 조상님 전에 올리오니
흠향하시옵소서

2023. 9. 17. 해고와 임금 사무소
김홍열

## 아버지와 장형의 공덕비 선항리민이 세움

무슨 철 지난 공덕비 이야기냐고요?

2020년 4월에 있었습니다. 그 행사 참여를 위해 어제 열여섯 시간 진도 나들이를 했습니다. 일산에서 진도 선항리 공덕비 제막식과 남동 선영 성묘, 광전 선영 산소 주변 정리에 집 앞 나무퇴비 넣기까지 끝냈지요. 그러다 보니 4시 가까이라 마을 사는 사촌 형과 친구 얼굴도 못 보고 서둘러 올라왔습니다. 달포 전,

"너희도 알아야겠지. 4월 25일 진도 선항리에서 연락이 왔구나. 큰아버지와 할아버지 공덕비를 세운다는구나. 토요일이니 너희도 시간 나면 함께 다녀오는 것이 좋겠다. 할아버지 학자 배자께서 선항리에서 1941~1943년까지 농한 기간 서당을 열어 훈장을 역임하셨단다. 할아버지는 우리에게 부락민은 자녀들의 학비로 벼, 보리 등 곡식으로 주셔서 선항부락민이 주신

곡식은 어려운 시기에 우리 가족의 배고픔을 해결해 주었다. 너희는 부락민의 고마움을 잊지 말아야 한다. 라고 말씀하셨다. 큰아버지는 선친의 유지에 따라 선항리에 1000평 가까운 땅을 마을 발전에 써달라고 기증하셨단다.

그 공적으로 마을에서 비를 세운다는 거다. 가문의 자랑이다."

아버지께서 일제 강점기 태어나셔서 독학으로 한학을 익혀 1930년대부터 진도향교에서 교리를 맡으셨답니다. 선항리에 서당을 열려는데 마땅한 훈장 천거 요청에 응하였답니다. 1941년부터 농한기 6개월을 열고 농번기에는 닫아 1943년까지 끌어갔답니다. 그 연유로 바로 옆 마을 광전으로 1947년 이주하여 터를 잡은 것입니다.

새벽 5시 집을 나서서 KTX로 송정리역, 광주에 사는 조카와 만나 승용차로 이동하였습니다. 11시 선항리에 도착하여 마을 사람들은 행사 준비를 하고 있었습니다. 본래는 4월 마지막 토요일을 '애향의 날'로 고향을 떠난 사람들이 모두 모이는데 올해는 코로나19로 마을 사람만 모여 행사하기로 했답니다. 마을 입구에 이 마을 분과 두 공덕비 제막식이었습니다. 이장은 더 성대한 제막식을 해야 하는데 시국에 따라 약식이라 설명하였습니다.

자주 내려갈 형편이 안 되니 남동리 아버지와 형님 산소에 공덕비 소식을 고하였습니다. 광전의 어머니와 형수님 산소에도 고하였습니다. 산소 주변에 칡넝쿨이 걱정거리였는데 한 정보에 의해 넝쿨을 자르고 제초제를 발라 제거하는 방법을 조카와 실천하였지요. 굵은 줄기는 톱으로 가는 가지는 전지가위로 잘랐습니다. 칫솔에 제초제를 묻혀 발랐습니다. 가시가 많았지만 둘이서 하니 작업을 마치고 3시경. 산에서 내려와 옛집 앞에 재작년 심은 정원수에 퇴비주기를 하였습니다.

짧은 시간에 여러 일을 처리하려니 사촌 형들과 친구도 못 보고 올라온 16시간 뜀박질이었습니다.

## 귀향 나들이 사연

성악가 김동규는 '시월의 어느 멋진 날에'를 노래했다.

오늘 '빛밭 시월의 어느 멋진 날에'를 꿈꾸며 귀향 나들이 준비를 하고 있다.

귀향! 고향 마을에서 옛집을 지키던 장형께서 타계하시고 1년이면 연초 성묘, 벌초, 시제 성묘 세 번 이상 다녀오지만 설레는 마음을 잃어갔다.

그러나 이번 나들이는 다르다. '보배섬 광전이 어디라요' 자신이 자라고 얽혀진 인연들을 풀어 발간한 향토사를 안고 고향마을을 찾기 때문이다. 형들이 생존해 계신다면 이번 귀향은 바로 '금의환향'인데…….

밤이 되어 고향마을에 들어서도 그 흔하던 개 짖는 소리도 없다. 친구 집에 들어섰다. 미리 발송된 책 상자를 펼쳐 가져간 봉투에 인사장과 책을 넣었다. 10시가 넘어 친구가 방을 정리해 줘서 잠자리에 들었다. 6시 반이 넘어 날이 희뿌옇게 밝아왔다. 친구가 깰까 봐 챙겨둔 책을 들고 나눔 방문이다. 먼저 연장자 어르신을 찾아뵙고 잠이 깨어 있으면 뵙고 인사드리며 전했다. 어린 시절 집에서 제사를 모시며 아침 일찍 방문하며 마을을 돌던 생각이 났다.

"00 어르신 어제저녁 병환네 제사 모셔서 아침 드시고 일 나가시래요."

동네 형이 승용차를 대기해 수차례 사양했으나 권유를 피할 수 없었다.

새록새록 한 집집의 방문이었다. 안면이 없는 분께는 장형의 존함이나 장조카로 통했다.

"돌아가신 김봉재 님 막냇동생입니다."

"아, 정매네 작은 아부지."

"예, 그렇습니다."

동네 어른의 장형 가신지 십 년의 격세지감을 느끼게 하였다. 마을에 5년째인 중국 교민은 어설픈 통화에서 형의 자취를 감지할 수 있다. 사촌 형이 당신 집에 와서 아침을 먹으라는데 친구 집에서 식사 중이었다. 군청이 있는 읍에서 책 나누기를 하려는데 친구는 차를 대기하였다.

"너, 조재언 선생 기억나?"

"그럼, 우리 이웃이었으니. 거기에다 우리 4학년 6개월 담임

이셨지?"

"거기까지 기억하고 있구나. 3년 전엔가 찾아뵌다고 전화 드리고 못 뵈었는데 전화 드려 보고 계시면 찾아뵙는 일부터 하자."

전화를 드리니 마침 댁에 계셨다.

"선생님 저희 60여 년 전 제자입니다. 광전에 사셨기에 잊을 수 없지요. 절 받으십시오."

"그래, 내 나이가 93세야. 지금은 혼자 산다고 큰아들 내외가 퇴임하고 도시 생활을 접고 같이 있어."

사모님과 10여 년 전 상처하고 혼자 계셨다. 건강은 좋으셨다.

"선생님, 제가 이번 광전 이야기를 책으로 내어 한 권 올리겠습니다."

"그래 자네 부친도 학자셨지. 큰형과 둘째 형도 잘 알지. 자네도 피를 이었군,"

옛 스승을 찾아뵌 값진 귀향길이 되었다.

군청, 도서관, 농협군지부를 거쳐 동쪽에 자리 잡은 교육지원청, 문화원까지 들렸다. 교육지원청에 들러 각급 학교에도 한 권씩 넣었다. 30권 정도 예정했는데 초중고 20여 개 교이다. 1970년대만 하여도 50여 초등학교에 중고등까지 60여 개 교였는데… 기관장들은 대부분 군민의 날 행사로 자리를 비우고 있다.

오후에는 임회면 소재지를 방문했다. 면사무소, 파출소, 우체국, 보건소와 임회면에 하나 남은 석교초등학교를 찾았다가 교장과 자리를 하고 담소를 나누었다. 전교생 56명의 소인 수 학교이다. 교직을 지키려는 안간힘의 흔적들이 보인다. 학교가 줄고 고향을 지키려는 인재 양성에 적신호다.

아침 마을회관에 들렸더니 책꽂이가 없어서 면 소재지에 알아보니 가구점이 없단다. 다시 읍으로 들어가서 작은 책꽂이를 샀다. 흩어져 있는 책자들을 꽂고 마을의 자취도 몇 권 넣었다. 일이 끝나고 마을 뒷산의 어머니와 형수 산소를 찾았다.

귀향 3일째 김해김씨 경파 67세손 철자 강자 할아버지 후손의 시제가 백동리에서 있는 날이다. 남동리 아버지와 장형의 산소에 책 출간 소식과 성묘를 드리기 위해 나서는데 친구가 운전을 자청한다. 아버지 산소의 상석에 술을 따르고 책을 놓았다.

'아버지! 막내가 광전의 자취를 발간했습니다."

음성은 떨리고 있었다. 친구도 성묘에 함께 참례하였다. 500여 m 떨어진 봉재 형의 산소에도 참례하였다. 아버지나 큰형 마을의 선구자로 어른들이시다. 친구가 성균관 효자 패를 받은 것도 장형의 공이 크다. 인걸은 가고 새 인물이 나타나야 하는데 젊은이가 끊어지고 있다는 게 안타깝다. 발길이 가볍지만은 않다.

2019. 11. 8.

# 환경과 관심은 인생의 방향을 결정한다

### 가. 낭독의 가문 발자취

 저의 태생은 낭독 안에서 자랐습니다. 섬의 농촌 시골 마을에서 아버지는 독학으로 사서삼경과 주역까지 외우고 있었습니다. 무학(無學)으로 서당 훈장을 하였으니 고장에서는 명망이 높았죠. 저는 4형제의 막내로 아버지 40대 후반의 늦둥이였습니다. 자라면서 방이 셋 있는데 옛 초가집 방이야 장정 서넛 잠자기도 불편하지요.

 장형은 저와 17살 터울로 저 다섯 살 무렵 결혼을 하여 신혼방으로 또 하나는 두 형이. 안방에 부모님과 7살까지 썼습니다. 어머니는 길쌈을 하였기에 가을과 겨울, 무명천과 7월이면 명주를 짜기에 베틀을 놓으면 30~40일 정도는 잠자리도 비좁았지요. 베를 짜기 전 실을 뽑는 물레가 들여집니다. 낮에는 들일을, 밤에는 11시 가까이 물레질 소리인 에앵에앵은 자장가였습니다. 새벽이면 아버지는 어둠 속에서 정좌하고 한 시간가량 암송합니다. 내용은 고문진보, 명심보감, 사서삼경이었을 겁니다.

저는 초등학교 들어가기 훨씬 전 한글을 뗐습니다. 시골 학교에서 능숙하게 글을 낭독하는 몇 안 되는 아이였습니다. 담임은 수업에 들어가면 먼저 낭독을 시키는데 거의 제 차지였습니다. 자주 하다가 보니 효과적인 낭독법도 생각하게 되었지요. 다만 내용 중 '어머니의 병환'처럼 '병환'이란 낱말에서는 얼버무렸죠. 친구들은 킬킬거렸습니다. 제 이름이 바로 그 낱말이니까요.

생각해 보니 4학년 때 교내 웅변대회에 발탁된 것도 낭독과 무관하지 않은 듯싶습니다. 그때는 교과서 낭독이 구연동화 수준으로 반에서는 따라올 자가 없었지요. 6·25 기념일을 앞두면 '반공 웅변대회'가 열리곤 했지요. 반 대회를 거쳐 교내 대회, 시군 대회를 열었지요. 선생님께서

"이번 교내 웅변 대회가 있는데 누구 해보고 싶은 사람이 있나?"

아무도 관심이 없지요. 그럴 것이, 웅변하려면 원고가 있어야 하는데 조리 있는 설득의 글을 작성할 리 없습니다.

"한 반에 대표로 한 명 이상 참가해야 하는데…… 그렇다. 병환이는 글짓기 솜씨가 있지? 병환이가 연습해 봐."

"좋아요. 좋아요. 그렇게 해요."

못한다고 항변할 틈도 없었습니다. 숫기가 없어서 반장이나 부반장을 하래도 손사래를 쳤는데… 형의 도움으로 원고를 받아 학급 대표가 되었습니다. 교내 대회에서 학교 대표로 시군 대회에 나가서 넓은 세상, 진짜 웅변 연사들을 마주할 기회가 주어졌습니다. 읍내에는 웅변학원도 있었으나 시골엔… 초등학교 경험은 중고등학교에서도 반에서 웅변 나설 아이가 없으면 내 차지였다. 교사가 되어서는 웅변부 지도교사가 되었습니다. 스피치 방법과 원고작성이 가능하였기에 맡을 수 있었습니다. 1970년대 성남에서 한 아이를 맡아 지도하여 광주군 웅변 대회에서 초등부 최우수를 받아 학교위상을 높이기도 하였습니다. 그 제자는 방송국 성우로 입사하더니 프리랜서로 활동합니다.

한때는 독서에 빠져 낭독이 독서에 방해가 된다고 생각한 적이 있습니다. 독서 지도에 방학을 반납하며 독서 교실을 열어 매년 여름 겨울 80명의 담임 외 제자를 기르기도 했습니다. 학문적으로 성장하겠다고 대학원 '독서교육'을 전공했습니다. 직장 생활 기간 생활비 중 가장 지출이 많던 책 구입이었습니다.

퇴직을 하고 10년째 초로의 농사꾼이 되었습니다. 외딴 골짜기에서 혼자 농사를 짓다 보니 사람 만나기도 가뭄에 콩 나기입니다. 농장 앞길을 지나는 이들과 인사말 정도죠. 가뜩이나 어휘가 줄어 글을 쓰려면 이 사람 저 사람 묻는데 블로그를 운영하지 않았다면 어휘력은 바닥일 겁니다.

지난 2월 방송을 시청하다가 이름 있는 팔순의 텔런트가 대담하는데 진행자가,

"선생님, 요즘 어떻게 지내십니까?"

"예, 아침 낭송을 해요. 마음에 드는 책을 아침잠도 없으니 30분 정도 낭독해요. 처음엔 치매 예방에 좋다고 하여 시작했지요. 나이 들어 말이 어눌해지기 쉽잖아요? 혀를 움직이니 아침이 상쾌하고 말하는 게 자유롭더군요."

'그래, 그거가 있었다. 낭독이라면 일가견이 있잖았나? 병환아. 좋아하던 독서의 시작이다.' 새벽 4시면 잠자리에서 일어납니다. 책을 펼칩니다. 쉼터에서는 새소리에 낭독이 보태집니다.

## 나. 겪은 일이 도전에서 성공까지

자신은 조금 큰 섬의 시골 마을에서 자랐습니다. 부모님은 진취적인 생각을 지녔기에 한학을 하셨어도 경전(經典)의 범주에 묶여있지는 않았습니다. 외부 소식이 부족한 때였지만 육지에 다녀온 분들과 교류가 활발하고 대화하기를 즐겼습니다. 어머니는 무학이었지만 집에 오는 손님에게는 냉수 한 대접이라도 내주었습니다. 한학에 깊이가 있는 지인이라면 아버지와 밤새워 경전의 해석을 담화하였습니다. 어머니는 술상을 준비하고 마실을 다녀왔습니다. 아버지께서 성장하고 세 아들과 살

던 마을에서 이사한 광전리는 읍에 가는 길목이라 친척들도 자주 들렸습니다.

아버지의 지인과 대화는 호기심 많은 소년에게는 새로운 세계에의 꿈을 꾸게 되었습니다. 질문이 많고 의심스러운 일은 해결해야 직성이 풀렸습니다. 어른들은 귀찮은 아이였죠. 책이라면 종류와 관계없이 허기져 있었습니다. 읽을거리가 없으면 형들의 중·고등 국어책도 훔쳐봤습니다. 그중 잊지 못할 하나가 큰 바위 얼굴이었습니다. 그리고 꿈꿨습니다. 나도 우리 마을 큰 바위 얼굴이 될 수 있을까?

초등 3학년 때부터 특별활동이 있었습니다. 글짓기 부에 들어갔더니 글쓰기가 재미있었습니다. 4학년 때 글짓기 부를 신청했더니 반 아이들 20명 가까이가 같이 가겠다고 했습니다. 담임선생은

"너는 주산부로 가."

항의도 못 하고 속상한 걸 주산 잘하는 방법으로 풀었습니다. 동네 형이 목포에서 상고를 다녔습니다. 6월 농번기에 내려왔기에,

"형, 저 주산부인데 주산 잘하는 연습 방법이 없을까요? 선생님은 1부터 50까지 더하는 연습을 하라는데."

"그거도 있는데 1, 2, 3……9까지 옆으로 놓는 거야. 9번을 계속 더하는 연습이야."

여름방학이 되어 그 형이 집에 왔을 때 만나,

"주산 연습 계속하니?"

"예, 재미있어요."

"그래, 더 빨리 놓는 방법이 있다. 1-9까지 9번을 더하라 했지? 9를 놓고 1로 다시 오니? 그러지 말고 9, 8, 7, …… 1, 2, 3 …… 손가락 움직이는 시간을 줄여봐."

손가락 움직임이 훨씬 빨라졌습니다. 암산이 척척 이었습니다. 가을이면 읍에서 관내 경시대회가 열렸습니다. 학교 대표로 나갔습니다. 웅변대회나 글짓기 대회도 선생님이 억지로 시켜 못 한다고 말도 못 했습니다. 그 일들은 교직에 들어와 주저 없이 지도하게 되었습니다. 지도한 어린이가 군 대회에 나가 1위에 오르는 일이 잦았습니다. 성적 처리에 동료들은 계산기를 두는데 암산으로 느긋하게 했습니다.

발명왕 에디슨의 어린 시절 경험은 에디슨을 발명왕으로 만들었습니다. 중학 때 읽은 '분노의 포도'의 뒤편에 저자 존 스타인 백의 성장이 있었습니다. 구두 닦기, 신문 돌리기, 어려운 성장환경이 그를 대문호로 이끌었습니다. '시이튼 동물기'의 시이튼은 야생에서 동물을 관찰한 것이 동물에 관한 한 누구보다 잘 관찰했습니다. '어린 왕자' 앙투안 드 생텍쥐페리는 공군으로 불시착한 일이 있었답니다. 모두 경험을 꽃피웠습니다.

김대중 대통령은 고난을 이겨냈기에 나라를 위기에서 구해

냈습니다. 국민의 선택도 탁월했습니다. 쇠의 단단함을 결정하는 담금질한다는 단야(鍛冶)는 인생살이에 연결할 수 있습니다. 자녀를 양육하는데 귀여워서 해 달라는 대로 다 해주는 것이 사랑이라 생각한다면 그 자녀를 망치는 것입니다. 양육의 뜻을 제대로 이해하지 못한 처사입니다.

경험을 어떻게 승화시키는가가 성공과 실패의 갈림길입니다.

다. 자라며 그럴 때가 있지

열네댓 살 중학생이던 자신은 여름방학 논둑 풀을 깎다가 다음 시가 생각났습니다.

### 시를 향한 열정으로 파닥이던 날

그 들판엔 / 매미 소리도 멈춰 있었다.
벼잎 사이 더운 바람만 / 송글 땀을 보태었지.
논둑의 풀을 베던 / 소년의 하늘엔 / 고추잠자리가 / 펄럭펄럭 / 시를 날렸다.

'그래, 그거야.' 소년은 들판을 달려 집으로 들어서 공책 한 장 쭉 찢어 '고추잠자리 시를 날렸다.'
연필을 놓고 미소를 머금었어.
국어 선생님은 / 소년의 시를 알아주시겠지 / 조심스레 접어들고

8km 읍내 길을 달렸어 / 머리엔 잠자리만 파닥이고 / 시어가 너울거리고

'그러면 그렇지' / 선생님이 집을 나서고 있었지 / 헐떡이며 인사하는 소년에게
"어, 김 군 웬일…… 땀까지 흘리며."
"저, 이 시……"
"이건 시가 아니야. / 이걸 가지고 헐떡이며 그 먼 길을……"

국어 시간의 / 무지갯빛에 / 선생님에 우러름이 휘청이며 작가의 꿈이 / 매미 소리에 흩어졌지. / 하늘이 노릇해졌어 받아 든 종이 접어 주머니에 넣고 / '그래도 고추잠자리 시를 나르는데……'

8km 가까이 길을 떠오른 시상에 뛰었던 날의 회상입니다. 엄격한 가정의 막내는 사춘기를 그리 넘겼으니까요.

맏딸이 중고등학교 시절 퇴근한 나에게 아내는,
"큰애가 변진섭 콘서트에 가고 싶다는데 20만 원을 선뜻 줄 수 없네요. 아빠한테 말하라니 겁먹고 식사도 거르고 있어요."
그렇게 자란 딸이 지난 3월 엄마가 김호중 좋아하는 걸 알고, 이모와 함께 다녀오라고 2장 공연 입장표를 주었다고 아내는

자랑하였습니다. 어떻게든 딸의 소원을 못 들어준 아비의 부끄러운 마음입니다.

두 번째인 장남의 중학 시절 전세를 살면서 이사가 잦았습니다. 아이의 방에서는 묵직한 필통이 네댓 개가 있었습니다. 열어보면 각종 모양의 고무 지우개였습니다. 지우개 모으기가 취미였습니다. 아이를 키우며 몇십만 원 조립 로봇을 주저 없이 사 주는 걸 보며 격세지감을 느낍니다. 손자 손녀의 세대는 너무 다른 환경입니다.

어른이 되는 게 하루아침에 이루어지는 건 분명 아닙니다. 과정을 거쳐 굳어지거나 버려집니다. 어린 날 부모님 따라 나들이 가다가 서낭당 지나기 전 돌 하나 주어서 얹은 때 '뭐 하러 저러지?' 하다가 민속학 책에서 돌무더기가 전쟁에 쓰인다는 데 '아하. 조상의 지혜' 하던 시절이 나옵니다.

사람마다 잡다한 경험들이 있습니다. 그럴 때도 있는 것입니다.

### 라. 붓을 드는 아침은 가문의 맥을 잇는 마음

전남 진도군은 예향(藝鄕)으로 알려져 있습니다. 한창 트로트로 이름을 날리는 송가인이 있습니다. 서예가로 소전 손재형, 장전 하남호 선생이 있습니다. 한국화로 소치 허백련 선생 4대, 강지수, 김양수 등 무수합니다. 소리꾼으로 신영희, 박병

천 등 많은 명인 명창이 있습니다. 진도읍의 음식점에 들려도 한국화와 서예 액자를 볼 수 있습니다. 들리는 말로는 진도의 등록서예가(국전에서 입선 이상) 80여인인데 여느 광역자치단체의 수보다 많다고 합니다.

우리 가문에도 그 전통의 맥이 있었습니다. 집에는 묵향이 마르지 않았습니다. 아버지는 호를 난사(蘭史)로 1930년대에서 40년 초 진도향교에서 임회면 남동리(읍에서 16km 떨어진 변방) 출신으로 이름을 날렸습니다. 1970년 아버지의 타계 후 둘째 형 광암이 한글 궁체, 흘림체로 국전 입선을 하였습니다. 1990년대 장형이 남헌(南軒)으로 국전 특선 3회로 심사위원 반열에 올랐습니다.

자신은 DNA가 붓에는 취미를 갖지 못한 어린 날 아버지의 서예 권유를 외면하다가 2000년대 들어 장형의 권유에 2년 가까이 지필묵을 장만하여 한글 궁체 연습을 하다가 업무에 붓을 놓았습니다. 퇴임하기 전 장형이 타계하고 7년 뒤 둘째 형까지 떠났습니다. 둘째 형은 서예는 취미였고 집필에 열을 올렸기에 '우리말의 장단음-1995-' '죽음의 언덕을 넘고 또 넘어'- 2014-를 남겼습니다.

세월은 바뀌어 생활 모습이 하루 다르게 되었습니다. 학교 주변 문구점이 학생 수에 따라 숫자가 달랐습니다. 몇백 명이라면 문구점이 서넛은 됐습니다. 지금은 학생 천 명이래도 문구점 하나 정도입니다. 학생의 학용품이 학교에서 거의 제공됩니다. 가정에서 준비물로 번거로움을 해결해 주었습니다. 자녀의 도시락까지 학교급식으로 점심이 해결되었습니다.

　1970년대까지 주산학원이나 타자학원이 지금은 하나도 없습니다. 서예학원이 대도시에서 가뭄에 콩 나기입니다. 진도에서의 동무 2명이 수원에서 서예학원을 연지 오래됩니다. 한 친구는 한국화로 바꾸었다고 합니다. 서예가 집안의 막내가 아버지 말씀 거슬러서 집안 서예가 명맥을 끊어지게 되었습니다. 조카나 제 아이들 또한 붓과 거리가 멉니다.

　문중 일을 간여하며 정리 삽입하는데, 붓글씨가 필요했습니다. 지필묵을 찾아보니 오래전 연습하던 용품 등이 먼지에 덮였습니다. 붓은 10여 년 손대지 않았기에 중봉과 소필을 샀습니다. 먹물을 쓰려 문구점을 한참 찾아 헤매다가 겨우 한 통 샀습니다.

　"더러 찾는 사람 있어요?"
　"가물에 콩 나듯 이오. 나이 든 분들이 찾지요."
　농장의 황토방에 간이 접이식 탁자를 구했습니다. 벼루에는 한 시간 정도 쓸 먹물을 쏟고 묵향을 맡습니다. 아버지와 형들의 모습을 떠올립니다. 팔순 가까이에서 붓을 잡으니 살아있는 동안 가문의 묵향을 이을 생각입니다. 쉼터에 머무는 기간이 길어진 것도 한 이유가 됩니다. 모사본 100여 쪽이 뜯겨 나갔으니 기본이 잡히면 화선지를 놓을 겁니다. 신성한 맥을 잇는 일입니다.

새로 써본 글씨 녹슬었지만 다듬어 보렵니다. 궁체 흘림으로 남아있는 이철경 서예 교본으로 10년쯤이면 둘째 형 발뒤꿈치는 따라 갈 수 있을지?

방바닥에 흘린 먹물을 닦는 아내의 잔소리가 있습니다.

"진즉 했으면 대가라도 되었을 텐데…… 농사일하다 왼 붓을 잡는다고……."

명필 바라지 않습니다. 저에게서 붓과 문장도 끝나가는 안타까움의 발버둥입니다.

농장에서 새벽밥 얹고 벼루와 함께…….

# 호칭의 세세년년(歲歲年年)

> 명확한 목적이 있는 사람은 가장 험난한 길에서조차도 앞으로 나가고, 아무런 목적이 없는 사람은 가장 순탄한 길에서조차도 앞으로 나아가지 못한다. _토머스 칼라일

 자신이 교직 41년으로 정년퇴직했지만, 파란만장의 세월이 있었습니다. 교사에서 승진하여 교감, 교장을 밟게 됩니다. 장학직으로는 장학사, 장학관으로 학무과장과 교육장이 있습니다. 주변에 장학직의 친분이 있는 교사는 그쪽 길이 있다는 걸 알지만 대부분은 교감이 되기 전에는 모릅니다. 관리직에서는 교장에서 학무과장이나 교육장에 진출 가능하며 그 직에서 교장으로 발령되기도 합니다
 승진규정에는 보통 교직 년 수 25년 이상을 80점으로 연구실적(전국 교육 연구대회 실적, 과학작품입상실적, 전국대회

입상지도실적, 수업 실기대회, 대학원 석·박사 등). 벽지 점수(도서벽지, 접적 지역) 등을 등급별로 점수화 합산하여 상위에서 수요인원을 차출하고 교육을 받아서 관리직 승진을 합니다.

자신은 성남시에서 11년째 파주로 나가서 경기도에서 접적 지역이 가장 많은 곳입니다. 운이 좋아 파주지역에서 5~6년 근무하여도 옮기기 어려운 접적지 중 등급이 높은 마정초등학교에 발령이 되었습니다. 뒤에 알았는데 당시 그 학교 교감 선생이 깐깐하기로 소문나서 자리는 6명이 있는데 관내에서 신청하는 교사가 없었답니다. 실제 근무해 보니 한 치의 오차도 허용되지 않는 교감이었습니다. 그래도 자신은 가장 존경하는 분이 되었습니다.

남들은 교직 25~6년이면 교감 승진이 되는데 자신은 30년에야 교감 승진이 되었습니다. 27년에 되는 거로 알았는데 바뀐 승진규정에 늦어졌습니다. 교감 4~5년이면 교장 승진이 되었기에 교감이 되어서도 최선을 다했습니다. 그런데 교장 승진은 교육장이 좌지우지합니다. 교육장의 눈 밖에 나면 근무평정에서 낮은 점수를 주면 탈락입니다. 그즈음 주변에서 돈 몇백 싸 들고 교육장을 찾아가라는 권유를 여러 사람에게서 받았습니다. 그렇게 승진하는 방법은 싫었습니다.

교감 동기가 교장 차출, 4년 차에 3명, 5년 차에 5명이 차출되는데 명단에 내 이름이 보이지 않았습니다. 거기에 한 학교

3년 이상이면 전근할 수 있는데 5년이 되었는데 진보도 받아 주지 않더군요. 교육장에게 인사한 적이 없었거든요. 생각지도 않은 엉뚱한 곳으로 가라고 하여 탄원서를 작성하여 교육청에 갔습니다. 장학사를 만나

"이건 청와대 신문고에 보낼 탄원서입니다. 읽어보시고 착오가 있으면 말씀해 주십시오. 4년째 다른 학교 전근도 안 받아 주더니 5년째는 엉뚱한 곳으로 가라고요?"

"김 교감 열심히 하는 건 아는데 희망하는 학교는 교장이 원하는 교감이 있어서 그런 거요. 원하는 학교로 발령 내겠으니 탄원서는 취소합시다."

희망하는 학교장은 교육장과 '마작' 친구로 교감 동기입니다. 교감 3년 차로 승진 발령받은 동문 후배였습니다. 함께 2년을 근무하였습니다. 7~8년 전 교무를 맡고 있을 때 같은 학교에 근무한 인연이 있습니다. 그때 남다른 교육 열정을 보았답니다. 약간의 갈등이 있었지만, 교육관은 투철하지 못했습니다. 교육 외적인 면에 관심이 많은 교직자였습니다. 그러나 선배를 승진시키기 위해 말 한마디 보태주어 고맙게 생각합니다.

교육청 사건이 있은 그 해였습니다. 문제의 교육장이 3월 도교육청 장학관으로 발령받았다는 소식을 받았습니다. 4월 어느 날 공휴일이라 농장에 있는데 부고 문자가 있었습니다. '00교육장 급서(急逝) 00장례식장' 알려온 소식에 전날 서울 자택

에서 수원 직장으로 출근 중 몸이 안 좋아 병원으로 갔더니 풍토 감염증으로 한 시간 만에 세상을 달리했답니다.

　내 사연을 아는 교감에게서 전화가 왔습니다.

　"김 교감, 운 좋은 줄 알아. 교육장 탄원 냈다가 이런 일 당하면 사람들은 김 교감 때문에 고초 겪다가 이리됐다고 애먼 누명 쓸 뻔했잖아."

　교감직 8년 만에 교장 승진이 되어 파주 문발초등학교에서 정년퇴임을 하였습니다. 인생이 순조롭지 않아

　"자넨 관복이 없나 봐."

　위로를 받았습니다. 그러나 교감 10년으로 정년 퇴임자도 많습니다. 저는 가문의 영광입니다. 집안에서 아버지의 시골 서당 훈장 막내가 교장으로 정년 퇴임하였습니다. 부모님과 장형께서 유명을 달리하셔서 아쉬웠습니다. 부모님 40줄의 늦둥이가 교장의 직함을 받았습니다. 사령장을 받고 귀향하여 부모님과 장형의 묘소에 고하였습니다.

　문중에서도 그 직함을 인정받아 아버지, 형님께서 일구신 종친회의 진행을 보고 있습니다.

　지난해 4월 강고사(문중 제각 이름)에 100여 위의 위패를 새로 모셨습니다. 미리 준비하여 사후 시제에 위폐를 엽니다. 자랑 같지만 저의 위폐는 '학생부군 00이' 아닌 직함이 들어간

'敎長府君秉環神位'로 되었습니다. 장형은 국전 특선으로 생전 작품에 나타내던 호 '南軒'으로 되었습니다. 문중의 위폐 규정에 대한민국 행정규칙의 4급 이상 임명 공무원, 소령 이상 등 대통령 발령에는 직함을 넣고 있습니다. 국전의 특선은 대통령 표창입니다.

## 각자도생(各自圖生) 나에겐 생뚱맞은 말이지요

요즘 유행처럼 쓰이는 말이 각자도생이란다. 어느 작가가 코로나 시대에 내놓은 책이 시대상을 반영하여 퍼진 말인 듯싶다. 제각기 살아나갈 방도를 꾀하는 뜻이지요. 비대면의 기간이 길어진 탓도 있지만, 사회 환경 또한 그런 생활을 부추기는 듯싶어 쓸쓸하다. 누가 뭐라 하여도 공생, 협동, 정 등에 익숙한 우리이다.

'아는 길도 물어가라.'라는 속담은 책에서나 찾을 말이 되었다. 길을 나서 잘 모르는 길이면 만나는 사람에게 스스럼없이 가는 길이 맞는지 틀리는지 물었다. 동행이면 통성명하고 말동무가 되어 앞서거니 뒤서거니 하였다. 누구나 시계를 가진 게 아니니 마주치는 사람이 시계를 가졌으면 '지금 시각이 얼마나 돼요?' 궁금한 것은 서로 물어 동행이 되고, 이웃이 되었고 인연이며 정이 되었다.

세상이 변하며 모르는 사람을 만나면 피하는 세상이 되었다. 길을 물어 친절을 베풀던 어린이가 몹쓸 일을 당하는 일이 있다 보니 부모들은 자식들에게

"모르는 사람이 가까이 오면 절대 상대하지 말아라."

사람을 멀리하는 법을 가르치게 되었다. 시대는 이웃의 도움보다 혼자서 찾게 된다. 안성맞춤으로 손전화기 시대가 되어 궁금한 것, 모르는 걸 인터넷이 해결해 준다. 버스정류장이나 역사에는 현재 시각, 행선지 방향, 오는 차의 도착시각이 화면에 나온다. 차량 운전에서는 내비게이션이 있다. 입 꾹 다물고 있어도 모두 해결하는 전자시대이다.

4형제의 막내였던 저는 각자도생이란 말을 모르고 살았다. 형들의 사랑 속에 살았다. 어울림을 최고선으로 살았다. 형들은 막내를 자랑스럽게 생각했다. 잊을 수 없는 것이 50대에 야간대학원을 졸업하는 동생을 축하한다고 밤 기차를 타고 진도에서 형들이 왔다. 저는 저의 애들 졸업식에도 참석한 일이 없는데 형들은 기꺼이 먼 길을 와서 축하해 주어 동생의 기를 살려주었다. 석사학위보다 뿌듯한 형들의 고마움이었다.

만나면 사는 이야기에 밤 가는 줄 몰랐습니다. 주장이 센 둘째 형이 술주정을 하여도 장형은,

"아따, 소리 좀 낮춰라"

첫닭이 울 무렵

"벌써 이렇게 되었나? 눈 좀 붙이자."

하였다. 사회 교류가 많았던 형들은 자식 자랑보다 형제, 부모에 대한 자랑이 더했다. 형의 지인들을 만나면,

"형이 자네를 얼마나 사랑스러운 동생이라고 으쓱하는지 친구들이 형제 우애를 부러워한다네."

지금은 모두 고인이 되고 혼자 남았다. 벌초 길에 조카는,

"작은아버지, 저희는 자라며 동생들에게 애틋함을 자식인 우리에게 십 분의 일만 주어도 좋겠다고 생각한 때가 있었어요."

하였다.

종친에서 8촌 이내 인척의 축하 자리라면 함께하여 축하해 주었다. 5촌 당숙까지도 기제가 되면 대부분 모였다. 그리고 가신 님의 생존 시 일화들을 나누었다. 코로나 시국이 되며 비대면이 권장되어 결혼식이나 장례식 참여도 축의금이나 부조금도 이체시키면 예를 다했다고 생각한다. 만남이 적으면 자주 보는 이웃사촌만 못한 사이가 된다.

가족, 친족, 가문이라는 우리의 개념이 옅어졌다. '각자도생(各自圖生)' 생각 않던 어휘라 생뚱맞게 생각한다. '어깨동무 참 어울리는 우리 말이지요?

## 기록 그 위대한 삶의 흔적

　인류의 기록은 동굴의 벽화에서부터라고 한다. 살아가며 흔적을 남긴 것이 동굴벽화에서는 오랜 보존이 가능했다. 일정한 온도와 오염이 없이 햇빛의 차단 덕택이다. 동양에서는 죽간이라는 대나무에 새긴 글씨, 서양에서는 양피지가 있다. 종이로 발전되며 활자판 책이 나온다. 우리나라에 알려진 벽화로 울주의 선사시대 완성된 반구대 암각화가 있다. 300여 짐승의 모습과 제사, 무당, 사냥의 모습까지 있으니 대단한 유물의 기록이다.
　사람들은 독서가 중요하다. 책이 중요하다. 하지만 넘쳐나는 간행물과 쏟아지는 정보 속에서 그 가치가 갈수록 엷어지는 것 같다. 1970년대까지만 해도 책은 흔한 것이 아니었다. 1960년대 학생이었던 나는 내 손으로 처음 책을 샀던 6학년 수학여행 때이다. 용돈에서 '한국의 위인들'이란 한 권의 책이었다. 선생이 내 손에 쥐어진 책을 보고 80여 명 수학여행 어린이를

둘러보며

"누구 책 산 사람 있니? 병환이뿐이구나. 역시 공부하는 사람은 달라."

칭찬을 받고 우쭐했던 생각이 난다.

초등학교 시절 공책 한 권 마음 놓고 살 수 없어서 큰 종이를 사서 32절로 접어 바늘로 꿴 공책에 일기를 쓰는 습관이었다. 모두는 보관되지 않았지만 몇 권은 장형께서 보관하였다가 직장 생활 5년 차인가 방학 때 상장들과 넘겨받은 게 남아있다. 일기는 나의 역사라고 생각했다. 색 바랜 종이에 삐뚤빼뚤의 글씨, 완성도 없는 문장, 그래도 꿈은 야무졌다. 노벨상을 꿈꿨으니…… 기록의 결실은 책이다.

책을 한 권 출판했다면 선망의 대상이었다. 2권의 책을 출판하고 보니 고심이 큰 기간이었다. 기록한 글을 다듬는 건 물론 맞춤법과 띄어쓰기, 문장 구성까지 살펴야 한다. 교정에 실전이 1979년쯤인지 한집 살던 시인이 몇 학교의 교지를 맡고 있었다. 글짓기를 지도하고 초등학교 교사라니 함께 교정을 부탁했다. 초등 교과서는 교정의 본보기라 했다. 보통 출판물은 5회 정도로 OK가 되지만 초등 교과서는 전문위원 10명이 8독이 끝나야 윤전기를 돌린다고 하였다. 그때 처음으로 대한교과서 인쇄공장을 견학하였다.

내 기록의 창고는 컴퓨터 USB에 담겨 네이버 블로그에 올린다. 2005년부터 시작했으니 올려진 글이 4,622개이다. 뽑아서 2권의 책이 탄생하였다. 마지막 기획하고 있는 결혼 50주년 '금혼식' 기념 출판으로 원고를 정리하고 있다. 지금까지는 독단의 글이었는데 이번 기획은 가족문집으로 빛밭의 현재 7명, 더 는다면 함께 꾸밀 생각으로 편집은 170여 쪽 마쳤는데 다듬고 제목까지 완성할 것이다.

교정(校正)의 실전은 1994년 둘째 형의 '우리말 장단음사전'을 출판하는데 그 일을 겨울 방학 동안 광주의 여관방에서 한 달 동안 3교를 한 일이다. 사전 형식이라 일반 출판물과 달랐지만, 사전을 옆에 끼고 살았다. 2011년 저의 첫 출판물 '어디까지 왔나, 당당 멀었다'를 3교를 혼자서, 둘째 형과 동료 직원 3명의 도움으로 교정을 마쳤다. 2019년 '보배섬 광전이 어디라요'는 교정을 맡기면 교정료가 1백만 원 가까이 나온다고 하여 출판사에서 1교 자신이 3교, 함께 수정하며 교정과 편집을 마쳤다. 눈이 짓무를 듯하였다

하찮은 새김이지만 결코 값싼 것이 아니다. 내 생각의 영원한 흔적이 남겨지는 것이다. 고향마을을 기록하며 출간할 때 증언들을 많이 들었다. 조그만 기록들만 찾아도 견주어 다듬었다. 고인돌은 형태뿐이었다. 내려온 이야기로 비문에 새겨둔 윤선도 선생이 마을을 지나며 말하였다는 '가거지지(可居之地)'는 광전의 수호신이 될 것이다. 책으로 꾸며졌으니 몇백 년

후라도 관련된 가정에서 한 권이라도 남아있겠지.

글 쓰는 작가나, 역사가, 경필, 서예가, 출판업 종사자, 석공에 이르기까지 그 시대의 자취를 후대에 남기는 거룩한 일을 하고 있다. 그런데 잘못된 기록들이 발목을 잡는 일이 새로운 발견이다. 젊은이들이 자기 과시로 SNS에 올린 일이 가족의 망신까지 불러오니 말이다. 하긴 나이든 나도 블로그에 솔직히 쓰다 보니 내 발목 잡는 일 아닐까 걱정되기도 하다.

그래도 손발이 멈출 때까지 기록은 계속될 것이다. 분별 있는 겸손의 자세로. 독자에게 감동을 주는 글발이 서는 글이 되어야 하는데…….

# 난사(蘭史)옹네 4형제 진도를 뛰어넘다

1) 난사옹 광전에 뿌리를

진도의 서남쪽 끝에 남도진성이 개발 중이다. 역사의 증표인 성벽과 무지개다리가 보존되어 관광지로 성안의 가구를 성 밖으로 이주시켰다. 마을 입구가 되는 서문 감탕골 아래에는 민박집들이 10여 채 있다. 2015년 남동의 민박집에서 '잉태의 고향에서 하룻밤' 읊은 시조

**잉태의 고향에서 하룻밤**
: 네이버 블로그(naver.com)

진도의 남동성은 삼별초 혼 서린 곳 / 한 남아 잉태되어 광전리 이사하여 / 두 달 뒤 김가네 넷째 울음소리 컸다네
부모님 손을 잡고 친척 집 찾을 적엔 / 큰댁과 간뎃댁[1]도

---

1 간뎃댁: 남녘에서 가운데 큰아버지나 작은아버지 댁을 말하는 방언

성안의 돌담집에 / 포구의 돛대 깃발이 육지에로 끌었나?
퇴직 후 일흔 앞둔 초로의 머리칼로 / 민박집 잠자리가 감탕골[2] 아래라서 / 뒷산의 난사공 유택 잠자리를 뒤척이다

그렇다. 난사공(학배)은 남동성에서 응두(應斗)님 3남으로 태어나 10세에 어머니를 잃고 성장하여 조도의 최춘엽 님을 만나 가계를 이루어 3형제를 키웠다. 1947년 2월 광전으로 이주하여 4남이 태어나 도전의 역사를 새긴다.

얘들아 김해김씨 73세손 난사옹이
1947년 광전의 굴재 밑 자리 잡아
가난을 이끄시어서 터 잡은 해 이렸지

할머니 넘겨준 책 밥 먹여 주겠냐만
난사옹 큰 꿈 갖고 가솔을 이끄셨다
굴재 밑 초가집에는 억척의 최춘엽이

4형제 기른 보람 백잣골 새 터란다
가족이 번성하니 광암이 특출났지
진도의 총아 되어서 우러르는 집안이다
남헌의 서울살이 앞날을 열었구나
집념의 삶이란다 서예의 초대작가
난사공 후광이라고 품어 안은 삶이었다

---

2  감탕골: 남동마을의 서북쪽 함박산 아래 골짜기 이름 왼쪽 능선 아래 서망항 있음.

광암의 고난사는 사시를 포기했다
농협의 선구자로 연수원 원장 퇴임
우리말 장단음 연구 대단하다 불세출

셋째의 병인 님이 가족의 옹이였지
진득치 못하여도 손가락 열 손가락
여럿 중 길고 짧다고 묻어서 사는 거다

막내는 제멋대로 농사일 좋아해서
삼수로 속 썩이다 교직을 선택했다
경기도 자리 잡아서 교장으로 퇴임했다

남헌의 알토란이 여섯에 열셋 손들
돈지네 지순함이 가문을 든든하게
가문의 화합 이루어 효부로 이름났다

광암의 뿌리에서 넷에 여덟 손이
중만 네 일가 이뤄 오랜 날 요양생활
60대 세월 못 이겨 애닳다 가는 세월

병인 님 놓은 아이 넷에서 네 손이라
내연동 규수 맞아 어렵다 뒤웅박이
광주에 마지막 신세 한 많은 세월이여

빛밭의 가지에서 셋에 두 손을 두니

월남한 가시버시 이가 네 많이였다
성남에 자리 잡아서 일가를 이루었다.

삼대에 이르면서 박사가 나왔구나
대령도 나왔으니 난사공 겨룬 꿈이
광전에 터 잡은 혜안 누군들 짐작했나

어렵게 얻은 찬사 우연이 아니란다
끝없는 도전에서 끌어준 지지인 걸
김가네 이어온 4대 놀라운 기적이다

너희의 삶에 좌표 앞 대의 그림자가
자신과 엮어져서 새로운 역사되니
혼자가 아닌 거 생각 면면히 흐른단다

78년 세월에서 강산이 일곱 번이라
켜켜이 쌓여 얹어 가신님 2대로써
광전에 쓰여진 역사 길이길이 빛나라-2024


**난사공(蘭史公) 김학배 옹 1908년 생 1969년 몰**
**최춘엽 1912년생 1983년 몰**
**남헌(南軒) 공 김봉재 1929년생 2008년 몰**
**돈지네 이말례 1931년생 1989년 몰**
**광암(光巖) 김병남 1936년생 2016년 몰**
**송월네 이정복 1941년생 2012년 몰**

*김병인 1939년 생 2018년 몰*
*내연동네 손중복 1946년생 2001년 몰*
*빛밭(光田) 김병환 1947년생*
*이가네 이순자 1948년생*

2) 남헌(南軒) 김봉재 불굴의 의지로 겨루다

　남헌은 열일곱 나이에 지게에 이삿짐을 얹어 소가 끄는 구루마 뒤를 따라 낯선 땅 광전으로 이사하였다. 남동리는 그가 태어나 6년간 9km가량의 석교 보통학교에 다닌 것이 외지의 첫걸음이다. 광전리는 그보다 더 먼 길이다. 석교에서 진도읍 쪽으로 7km 더 진행하여 광전이 있다. 자리 잡은 곳은 삼막산에서 붉은어덩 능선 굴재 아래 삼막리 763-2이다. 굴재 밑에는 박 씨 제각과 사당이 있는데 집의 동쪽 200m 떨어진 곳이며 집 아래쪽 2채는 100m, 큰 도로에서는 300m 떨어진 위치다. 논길을 따라 오름의 외딴집이다.

　석교보통학교에서는 재능이 인정되었으나 가정 형편은 진학을 허용하기 어려웠다. 이사하여 석 달 뒤 막냇동생이 태어났다. 동생이 셋인데 집에서 농사만 바라고 살 수 없었다. 광전은 해방 후 새롭게 형성되는 40여 호의 작은 마을이었다. 그래도 위로가 된 것은 학교에서 아껴준 이승우 교장 선생이 되어 한 마을에 살고 있었다. 이 교장은 한국동란이 나고 서울에서 '만호표 연탄'공장을 하던 사촌 형이 불러올려 경영을 맡겼다. 참

한 공원을 찾던 중 마을 청년 서넛이 희망하여 남헌은 선착으로 뽑혔다.

서울에 상경한 것이 1953년이다. 그해 의신면 돈지리에서 규수를 맞이했다. 서울에서 생활은 공장 기숙사에 숙식이 제공되었다. 세상의 문리가 트인 서울 생활은 10년간 계속되었다. 월급은 고향에 보내져 삼막리 779번지에 새집을 짓는데 큰 보탬이었다. 성실과 우직함은 주변의 표준이었다. 1956년 산판 일이 시작됐으니 남동에서 이사 온 10년 만의 경사였다. 새집에 옮기고 기다리던 아이가 태어났다. 첫 딸이었다. 3년 뒤 큰아들이 태어났다.

1961년 광암이 농협에 들어가며 가업을 잇는 남헌의 귀가는 광전을 농업의 선봉에 서게 되었다. 당시 진도는 원예채종의 적지로 채종사업이 활발하였다. 농업의 변화로 뽕나무 가꾸기로 누에치기, 담배 농사, 채종사업으로 바뀐다. 새마을 운동에 앞장서며 농촌지도자로 대파 농사를 앞장섰다. 광전리는 대파와 겨울 배추 산지가 되었다. 1971년에는 3천만 원대의 소득으로 KBS 광주방송 오늘의 인물에 방영되었다. 1974년에는 전국 벼다수확왕에 뽑혔다.

3남이 육사를 졸업하여 소위 임관이 되고 한시름 놓을 즈음 애석하다. 1989년 아내의 변고가 생겼다.

"내가 흐트러지면 안 되겠지? 막내가 고 2인데. 내가 보통학교 학력으로 손자들에게 내놓을 게 없네."

"형님, 예전 익힌 붓 잡아보면 어떨까요? 손자들에게도 뭔가 귀감이 되잖을까요?"

"60이 넘어서 될까?"

마음을 다잡기 위한 서예에의 매진이 입선, 특선을 거쳐 2002년 대한민국 서예심사위원에 올랐다. 2000년 뉴욕 전시회, 2001년 고희 기념전을 열었다.

시작했다면 지칠 줄 모르는 남헌의 도전이 일궈낸 광전의 빛이 되었다.

### 3) 광암(光岩) 둘째 김병남 야생마로 세상을 휘젓다

광암이 남동에서 광전으로 이사한 건 13세였다. 친구들은 거의 석교보통학교를 다니는데 난사 옹은 아들을 학교에 보내지 않았다. 서당 훈장을 하던 아버지는

"병남아, 학교 다니고 싶지? 형 일본 교육을 받아 속이 상하다. 너는 집에서 배우자."

천자문은 5세에 뗐다. 명심보감까지 외운 상태에 구구단을 공부한 이야기로

"아버지가 콩알을 한 줌 상 위에 놓았어. 콩을 2개씩 무더기로 놓고 두 무더기는 모두? 여섯 무더기는, 9무더기는? 18 그래 잘 맞췄다. 3, 4, …… 9단까지 2시간에 마쳤어. 그리곤 9×

1부터가 아닌 9×9, 9×8 이렇게 거꾸로 생각하게 했어. 해방이 되었어. 1947년 광전으로 이사했는데 광석국민학교가 있었지."

편입시험을 보아 4학년으로 결정하여 3년 만에 초등학교를 나왔다. 중학에 보낼 형편이 못 되었다. 선생님은 진학 못 하는데 안타까워하며 강의록 공부로 중등과정 공부를 알려주었다. 중학 2학년 2학기 편입시험으로 입학하여 고등학교 진학이 있었다.

'죽음의 언덕을 넘고 또 넘어' 한림. 2013.에서 '장학금이 아니었다면 고등학교는 못 갔을 거야.'

1956년 고3이 되어 사회과 선생은 사법고시예시를 권하였다. 사법고시의 자격은 전문학교 이상 학력인데 예비고사는 중고등 졸업자도 사법고시 본고사 자격을 얻는 길이었다.-저서 74쪽. 1957년 2월 치른 시험에서 당당히 합격 진도의 자랑이 되었다. 군 제대를 마치고 농협 지도원 시험에 합격하여 농협 직원이 되었다. 진도군지부에서 16년 만에 진도지부장으로 부임한다. 광암의 한글서예 궁체는 이철경 님의 사사를 받았다.

"너 진돗개의 근성이 뭔지 아니? 먹잇감을 직접 덮치지 않거든."

그렇다. 고향 집에서 키우던 개가 참새를 잡는 걸 지켜봤는데 상대를 안심시키기 위해 주변을 몇 번 돌다가 덮쳤다. 산에 가면 꿩도 자주 물어 왔다. 광암은 농협에서 불의에 타협하지 않은 강골로 정부 협상이나 국회의원 설득에 협상가로 나섰다. 1994년 농협전남연수원 원장으로 퇴임했다. 그의 강의장은 대학이나 대학원 출신 교수보다 수강생의 호평이 높았다. 대중을 사로잡는 시 낭송은 남쪽에서는 알려졌다.

　진도 임회면 송정리 이정복과 혼인 슬하에 1남 3녀를 두어 3녀가 교육부 사무관이며 4녀가 서울시 고급 공무원이다. 아내가 50대 후반 치매로 마음의 고통이 컸다.

　그의 우리말 사랑은 '우리말의 長短音'-해동. 1995.-을 펴내고 라디오와 TV 시청에서 장단음 교정의 유인물을 각계 요로에 우편물로 보냈기에 아나운서들이 힘들었을 것이다. 퇴임 후 진도 피동골에서 유자 농사를 하다가 일로에 농장을 가지고 일하며 우리말 바르게 가꾸기 운동을 하였다.

　그의 두 번째 출판물 소설 같은 인생자전 '죽음의 언덕을 넘고 또 넘어' 한림. 2013.를 교정하며 제목을 바꿔보자 건의하다 고집을 이기지 못했는데 3년 뒤 진도의 천재라 했지만 2016년 쓸쓸히 졌다.

4) 셋째 병인은 자유인으로
　광전으로 이주한 것이 7살 나이였다.

이주하여 막냇동생이 태어났기에 동생을 돌보는 건 어머니가 들일을 하기에 그의 차지였다.

성인이 되어 나에게

"너, 업어 키우느라 나는 학교도 늦게 갔어."

맞는 말이다. 아우는 평생 빚을 지고 살아간다. 초등학교 동창생들을 보면 형보다 서너 살 아래였다. 광전리의 광석초등학교 아이들은 공부에서 언제나 앞자리였다. 중학교에 들어가던 해 동생은 초등학교를 입학하여 김병인의 동생이라면 선생님들이

"너의 형들 실력은 학교에서도 인정했지."

자신도 형 이름 누 되잖게 잘하여야겠다는 다짐이었다. 중학을 마치며 목포에 유학을 보내 달라고 조르다가 아버지께서는 안된다고 하였다. 그때 집을 짓느라 생각의 여지가 없었다. 가출을 하여 1주일간 집에 안 들어온 일이 있었다. 외가인 조도의 외삼촌에게 있었다 한다. 어려서부터 병치레를 많이 하였다. 아버지께서는 다른 아들들에게는 무척 엄격하면서 형들에게 "병인이는 조금만 큰소리해도 자지러지나 너무 야단 말아라." 하여 형제간에 제일 매 맞지 않고 자랐다. 마지못해 부모님은 목포 유학을 허락한 게 1957년의 일이다.

집을 짓던 때였기에 쉽지 않은 결정이었다.

식물과 약초 식물에 대한 안목을 키운 건 한 마을 살고 있던

고모부께서 한의사로 고종 형 조규재의 인도가 있었다. 고종 형은 한의사 아버지의 약 처방을 돕기 위해 산을 즐겨 타며 갖가지 약초를 수집해 왔다. 그 산행을 기꺼이 동행하였다. 훗날 그에겐 광주에서 살면서 생업에 밑천이 되어 지리산 등을 타며 약초를 수집 조제하여 판매하였다.

 1966년 군 제대하며 내연동 손 씨 자녀를 아내로 맞았다.

 한때 서울에서 제과 도매를 하였으나 재미를 보지 못하고 고향으로 내려갔다. 이 일로 아내는 자녀들에게 "김 씨 집 안 장사로 성공한 사람 못 봤으니 너희는 행여 상업에 손대지 마라." 할 정도였다. 1978년 성남에 막냇동생이 살고 있어서 성남으로 옮겼으나 사고가 있어 일도 풀리지 않았다. 영등포역에서 내리며 열차 사고에 맏딸의 장애를 얻게 되었다. 일로에 영산강 간척사업이 있어 내려갔으나 오래 견디지 못하고 광주로 옮겼다.

 김치 등 반찬 가게를 운영하며 생약 취급을 했으나 가세는 펴지 못하였다. 모질지 못하여 사기를 당하며 힘든 생활을 하던 중 상처(喪妻)를 당한다. 슬하에 1남 3녀를 두었으나 형제간에도 어울리지 못하였다. 한없이 마음씨는 고운데 한 푼 생기면 우선 신세 진 것만 생각하고 퍼주는 것이 주위와 더욱 꼬이게 되었다. 무한한 사랑도 절제와 앞뒤 계산이 없으면 허망을 쫓는 형상이 되고 만다.

2015년 장녀가 마련한 태안에서 전원생활을 즐겼다. 잦은 이사로 장애인 딸에게 눈을 감는 날까지 한이 되었겠다. 이루지 못한 꿈의 응어리는 암의 원인이 되었다. 병세가 악화되어 서울 병원으로 옮겨 호스피스 병상에서 한스러운 세상을 마치며 한 줌 재가 되었다. 마음 넓은 장녀가 아니었다면 누가 그를 살폈을꼬.

조카, 너의 오뚝이 정신에 비장애인 우리가 부끄럽구나.

 4형제의 막내인 내게는 조카들이 많다. 장형인 남헌(南軒) 공에 6남매, 둘째 형 광암(光岩)에 5남매, 셋째 형 병인(秉仁)에 4남매를 두었으니 모두 15명 조카가 '작은아버지'라고 부른다. 그 이름들을 모두 외우지 못해 얼버무리기도 한다. 장형의 조카들이야 고등학교 다닐 때까지 함께 살았고 얼굴 마주함이 많아 확실하지만, 다른 애들은 얼굴은 떠오르지만 이름에서는 갸우뚱한다.

 셋째 형의 조카 하나는 오늘 떠올리는 짠한 조카가 있다. 신체장애를 지닌 경이다. 조카가 장애를 가지게 된 경위에 나에게도 관계가 있다. 셋째 형은 한곳에서 진득하게 살지를 못하였다. 서울에서 살다가 둘째 조카를 보고 귀향하였다. 진도에서 5년인가 살다가 성남에 자리를 잡은 나에게, "아무래도 서울 근처가 일감이 더 낫겠어. 전셋집을 하나 알아봐 줘." 하여 저렴한 집을 소개하여 고향에서 이삿짐에 아이들을 데리고 목포에서 야간열차에 탔다. 새벽 영등포역에 도착하여 성남에서 영등포에 다니는 버스로 오겠다는 연락이 있었기에 나가봐야겠다고 생각하며 그 새벽 라디오를 틀었는데,

"5시 뉴스를 시작하겠습니다. 오늘 새벽 영등포역에서 진도에서 이사하던 일가족이 열차에 치여 중상을 입어 병원으로 이송되었습니다."

청천벽력이었다. 틀림없는 형네 가족이었다. 영등포역에 가서 역무원에 알아보니 병원을 알려줬다. 큰조카 경이는 중환자실에 형 내외는 일반 병상에 있다. 출발하는 기차 레일에 경이는 한쪽 다리를 잃었다. 성남에 자리를 잡는가 싶더니 3년을 못 넘기고 둘째 형이 살던 일로로 갔다가 다시 광주로 옮겼다. 반찬가게를 하며 생계를 꾸려갔다. 경이는 장애인 남편을 맞아 서울에 정착하였다. 남편은 구청 공무원이었다.

오래전 서울 은평구 녹번동에 단독주택을 마련했다고 하여 다녀왔다. 이층집으로 아래층은 세를 받는다고 하였다. 두 조카손자를 키우면서 항상 밝은 모습이다. 조카손자 손녀는 아들, 딸이지만 장애를 가졌다.

"축하한다. 너 대단하구나. 나는 너에게 빚을 지고 있는 느낌이다. 너에게 큰 도움을 줄 것이 없구나."

2001년 형수는 광주에서 사랑하는 가족을 두고 영면하였다.

경이는 서울 생활이고 둘째 남동생도 서울에서 살림을 나 있었다. 아버지의 안정된 생활이 아니니 맏이가 두 여동생을 서울에 불러 가까이 살고 있다. 2015년 충남 태안에 집이 딸린 토지를 마련했다더니 광주에 살던 아버지를 이주시켰다. 전원에서 노후를 보내게 하였다. 형은 몸이 안 좋아 서울에서 검진을 해보니 암 진단을 받았다. 10여 개월 병원에서 투병 호스피스 병동에서 2개월을 버티다 가셨다. 아버지를 가족에 넣어 경이는 보호자 역을 자청하였다. 형은 2018년, 생을 마쳤다.

지난 6월 경이의 전화를 받았다.

"작은아버지 태안 집 팔았어요. 살고 있는 아파트 가격도 올라서 팔고 단독주택을 마련하려고요."

몸 성한 사람보다 강인한 여장부이다. 아들이 아파트 생활 적응이 힘들단다. 8월에 이사했다는 집을 아내와 함께 방문했다. 6층 건물에 4층까지 세를 받고 5~6층을 쓴단다. 승강기가 있는 집이다.

"얘, 너 부자 되었구나. 빌딩을 가졌잖아? 사장님이네. 축하해."

"애 아빠가 정년이 가까우니 수입이 있어야 해서 무리했어요. 엊저녁이 시부모님 기제일이었어요."

색다른 음식이 준비됐다.

"시부모님 제사를 모실 이가 너뿐이구나. 참 잘 생각했다. 너의 착한 마음에 조상님들께서 복을 주시나 보다. 이 집에 더 많은 복이 들어오길 기원할게."

  자신의 엄마인 형수 제사도 오랫동안 모셨던 거로 안다. 형님이 가시고 장지에 모신 뒤 남동생에게,

  "어머니 제사가 시댁에 눈치가 보여 네가 맡아야겠다."

  "그렇게 할게요."

  "그래, 잘 생각했다. 누나의 어려움도 생각해야겠지?

  비록 자신만이 장애를 지닌 것이 아닌 장애 가족이면서도 불평 없이 자신의 운명으로 받아들인다. 비장애인 몇 사람 몫을 듬직하게 해내는 오뚝이처럼 일어서는 내 조카 경이가 자랑스럽다. 아픔에서 다져진 생활력, 시련들 훌훌 털고 꽃길만 걸어라. 네가 하는 일 모든 게 잘 될 거야. 늘 응원할게.

5) 막내 빛밭 병환 훈장 아들로 어긋나지 않도록

  막내의 산달을 앞두고 서둘러 남동을 떠났기에 광전의 토박이다. 1947년 5월이었으니 음력 윤삼월에 어머니는 아침 설거지를 하다가 진통이 있어 부엌 바닥에 아이가 떨궈졌답니다. 자라며 어머니는,

  "네가 울퉁불퉁 부엌 바닥에 떨어지며 머리를 다쳐 피를 흘렸단다. 피를 흘려 태어난 사람은 피를 볼 수 있다는 속설이 있단다. 하여 아버지가 작명을 둥글게 살라고 秉, '손으로 잡다.

마음으로 지키다.'와 環, '고리. 돌다.'라는 뜻으로 하였단다. 어떤 화나는 일이 있어도 참아 둥글게 살아야 하느니."

귀에 못이 박이도록 들은 말이다. 지금도 그 흉터는 백회혈과 숨골을 비켜난 곳에 만져진다. 곰곰이 생각해 보면 불의나 약 올리는 일에 불같이 화를 내는 일이 많았지만, 어머니의 말씀으로 삭혔다. 큰 흠이 없이 산 건 이름 처방도 도왔을까?

호적이 늦어 9살에 광석국민학교에 입학하였다. 5~6세에 집 가까운 박 씨 재각(齋閣) 강당에서 야학이 있었기에 한글은 진즉 뗀 상태였다. 호기심과 의구심이 많아 질문이 많은 아이였다. 귀찮아도 질문을 잘 받아준 이웃들에 도움으로 하나하나 깨우쳐갔다.

형들이 중고등학교에 다녔기에 여섯 살부터 아침, 저녁 소 먹이는 일을 맡았다.

아침에 산 중턱에 소고삐를 소목에 감아 산에 두고 저녁이면 소를 찾아 집으로 데려온다. 산 능선에 오르면 남·서해와 동북쪽 해남과 진도의 울돌목이 보인다. 그 건너 해남부터 육지다.

'나도 자라면 저 육지에 나가 내 꿈을 펼칠 거야.'

되뇌었다. 학교에서 진도군 여러 경시대회에 보내는 글짓기, 웅변, 주산, 육상에까지 학교 대표에 뽑혔지요. 중학 시험에 아깝게 1등을 놓쳤네요. 중학을 졸업하고 진도농고에 들어갔다. 작물육종을 배우며 감자육종의 버뱅크, 한국육종의 우장춘을 존경하게 되었다.

 그때 서울농대를 꿈꿨지만 쉬운 일이 아니다. 삼수 중에 대학 입학예비고사가 생겼다. 진도농고 재학생 30여 명, 재수생 8명인가 응시하여 모두 6명의 합격자가 나왔다 했다. 서울농대 세 번 도전도 실패했다. 속기를 배울까, 인천교대 양성소 모집이 있던데 가볼까 생각하는데 징병검사 통지로 고향에 내려갔다.

 지금까지 묵묵히 내 의견을 받아주던 둘째 형이,

 "지금까지 아버지께서 당신의 후계로 교대에 갔으면 하는 바람도 모른척해 왔다. 4수 한다고는 못하지? 목포교대에 은사님이 있는데 엊그제 전화하다가 목포교대가 예비고사 탈락자가 워낙 많아 5차 추가모집이란다. 합격자는 모두 환영이란다."

 하고 입학원서를 내고 발성, 색맹 등 입학요건 검사를 마치고 합격 등록을 하도록 조치했다. 추가 합격자는 목포, 부산, 광주 대구 등 8명이 3월 25일부터 강의를 들었다. 정원 240명인데 우리까지 184명 정도였나 보다.

 아버지가 중병으로 투병 중이라 남헌께서 송아지 한 마리를 처분하여 등록금과 하숙비를 주었다. 마음이 가라앉으면 4수 도전하려는 마음이었는데 아버지의 타계로 접고 학업에 매진하였다.

 1971년 교대를 졸업하며 경기도 광주군 광주 대단지에 발령 통지를 받았다. 성남제2초등학교(뒤에 수정초등학교로 개명)에 근무 1974년 중매로 이순자를 아내로 맞으며 중원, 단대초까지 11년을 근무했다. 1978년 단대초교 아래 집을 짓고 아이는 첫 딸에 이어 2남 1녀를 두었다.

 도농 순환 근무 규정에 파주지역에서 25년, 고양시 5년 총 40.05년 2011. 8. 31. 파주 문발초 교장으로 정년 퇴임하였다. 고분고분 못하는 성격이지만 교사들이 맡기를 꺼리는 글짓기, 웅변, 도서관은 제 적성이라 그의 차지였다. 맡아 지도한 어린이가 학교 명예를 높였다. 제자 중에는 성우, 동화작가, 교사도 여럿이다. 상사들이 내칠 수 없는 존재였죠. 50대에 중앙대학교 야간교육대학원 사서 교육 전공으로 석사학위를 받았다. 형님들은 동생이 스스로 대학원을 졸업한다고 진도에서 밤차를 타고 올라오신 일을 생각하면 눈시울이 뜨겁다.

 퇴임하며 '어디만큼 왔나, 당당멀었다' 미리네. 2011. 산문집을 출판기념하며 퇴임식을 가졌다.

 고향 사랑에 필명을 빛밭(光田)으로 광전의 발전과정을 생각했다. 10여 년 정리하여 진도와 광전의 역사를 새긴 '보배섬 광전이 어디라요(해드림출판사 2019)'를 출판하였다. 진도의 행정기관, 각급 학교, 마을 가가호호에 전달하였다. 마을에서는 출판기념 현수막을 걸어주었다. 후대 자신이 거친 마을이 이런 마을이었음을 기억했으면 좋겠다. 부모님과 형님들 생존

시 발행했다면 하는 아쉬움이 남는다.

2024년 현재 저만 덩그렇게 남았다. 경기도 파주 율곡리에서 농사를 짓는 촌로이다. 살아생전 부모님과 형들 업적과 고마움 알리며 살려는 마음에서 아버지 호 蘭史 옹 4대가 되었는데 아들 4형제 2대로 글 맺다.

계획대로라면 고향 마을에 향토박물관을 세워야 하는데 진척이 더디다.

"훈장의 아들로, 형들 막내로 어긋나지 않게 살겠습니다."

## 나의 어머니 崔春葉 女士


조도의 맹성리에 최문옥 씨 장녀였지
아홉 살에 어미 잃고 큰집에 얹혀살다.
출가한 김씨 집안에 돌담의 쥐구멍 숭숭

어려운 고향마을 보리가 팰 무렵엔
누군들 칡 캐기에 쑥 뜯는 바구니지
그래도 끼니 거른단 말 흘리질 못 했지요

인척간 먼저 살펴 따스한 손님 접대
그녀의 치마폭에 바가지 감췄다면
이웃에 출산 있어서 전해주기 위함이라

물레에 실을 잣고 베틀 매 베를 짜서
어느 때 잠이 드나 밤중에 소리 그쳐
언제나 자식 걱정에 서성이던 그 마음

당신의 비손으로 네 자식 이름 높고

쌓아온 음덕으로 가문은 번창했네
애닯다 북망산 가니 마을 안이 아까운 분

## 진도군 조도에 있는 나의 외가

요즘 자라는 어린이들은 고모와 이모 집을 방문한다면 이모 집을 먼저 선호할 것이다. 50~70세 나이의 사람들에겐 '불의의 사고로 부모를 잃었을 때 조카를 집안에서 거두는 이는 이모보다 고모가 더 많다.'란 이야기는 흔한 이야기다. 자주 보고 만나는 인척이 가까워진다. '발걸음 뜸한 형제보다 이웃사촌이 낫다.'라는 말이 생각난다. 요즘은 여자 중심으로 자매간 교류가 많다 보니 아이들을 데리고 찾아다녀서 이모 집과 스스럼없다.

사람은 누구에게나 어머니의 자람이 있는 곳인 외가가 있다. 나는 부모님의 늦둥이로 할아버지와 할머니 외할아버지와 외할머니의 모습을 모른다. 그럴 것이 아버지는 5남매의 막내로 11살에 어머니인 할머니가 돌아가셨고, 할아버지는 아버지의 20대 후반에 가셨단다.

어머니는 진도의 한 면인 임회면의 팽목항에서 본섬과 250M가량 떨어진 조도 본섬 하조도의 명지가 친정이다. 조도는 면사무소가 있는 하조도와 상조도 거기 따른 154개의 부속 섬들이 있다. 하조도 면사무소가 있는데 행정상으론 창유리와 신육리 두 마을이 있다. 진도 본섬과 연결 여객선이 닿는 어리포가 있고 북쪽의 상조도로 가는 당도리가 있어 상조도에 한 마을이다. 창유리에서 남쪽으로 가는 신육리 그 끝자락에 신전 마을이 있다.

늘 마음에 그리던 외가를 찾은 것은 열여덟 나이의 고등학교 2학년이었나 보다. 그때까지는 외삼촌이 육지에 다녀오시다가 집에 들러 아버지와 밤새워 담소하시고 가셨다. 그리고 가을이면 외가에서 진도에 볏짚을 구하려 배를 띄웠다. 조도에서는 논농사가 적어 지붕을 얹을 볏짚이 필요하여 건어물이나 해초들을 가져와 볏짚과 물물교환을 해갔다. 고등학교에 다니며 4-H 활동을 하였다. 농촌지도소에서 회원들의 여름 하계연수로 조도에 따른 섬 관매도에서 갖게 되었다. 출발을 앞두고,

"어머니, 이번 여행에서 외가가 있는 조도를 둘러보고 오고 싶어요."

"가봐야 외삼촌 집이 있다만…. 그래도 굳이 가고 싶다면 우리 집에 자주 들리는 사촌 외삼촌 댁에나 가보렴."

어머니는 친정을 멀리서 피붙이라고 생각하는 아픔의 과거

가 있었다. 어머니의 어린 시절 외할아버지는 조도에서 중선 고깃배 7척을 가진 부잣집이었단다. 아홉 살에 외할머니께서 저세상으로 갔단다. 어머니 세 살 아래인 남동생은 외할머니가 돌아가시고 중병을 앓아 벙어리가 되었다. 최현규 님은 나에게 어머니 혈족 외삼촌이 된다.

외할아버지는 살림을 맡기기 위해 재취를 하였는데 어머니 또래의 딸을 데리고 왔다지. 그때부터 어머니는 콩쥐 팥쥐 신세였단다. 평소 어머니를 귀엽게 여기고 손위 사촌 언니와 사이가 좋았는데 어린 어머니를 큰외할아버지가 키우겠다고 데려가셨다. 그 집에는 십여 살 위의 남자 아들도 있었는데 사촌 동생인 어머니를 살갑게 대하여 새 가족이 되었단다. 당도리 (상조도 마을)에 살던 어머니의 사촌 오빠는 일찍부터 한학을 공부하여 하조도의 나루꾸지(어머니 친정이 있던 잔등 너머 마을)에 서당을 열었다지.

그 조카들을 돌보고 잔심부름을 위해 서당 집으로 이사하여 방에 불을 넣었다. 창 너머 학동들의 천자문 외우는 소리와 훈장이 들려주는 역사 이야기도 귀동냥하였단다. 어머니는 학교 구경도 못 해서 한문이나 한글을 쓸 줄은 몰라도 천자문은 줄줄 외워 형들의 천자문 공부를 도와주었다.

진도에서는 서당을 열면 농사일이 바쁜 4월에서 10월까지는 서당 문을 닫았는데 조도는 농사일보다 바닷가 일이 많아서 서당을 여는 기간이 더 길었단다. 아버지는 서당을 열었다가 4월이면 조도로 건너가서 송아지를 사 와서 읍내 장에서 넘기는 일을 했단다. 조도에 들어가면 당일로 일을 못 보기에 잠자리 신세를 진 것이 서당 방이었다. 훈장인 외삼촌과 이야기 상대가 좋았겠지. 사실 조도 생활에서 글과 말귀를 알아들을 사람을 만나기가 쉽지 않았다.

　외삼촌은 믿을 만한 젊은이로 여겨 아버지께 어머니를 소개하였단다. 더군다나 당도리에서 출가하여 남동리의 새댁이 되어 살고 있던 큰어머니의 권유도 우리 가정을 이룬 계기가 되었다. 함께 살아온 큰엄니는 시동생인 아버지를 잘 알고 있었기에 적극적으로 권하였다. 어머니도 새로운 곳에서의 생활에 동기간 같은 끈끈함을 유지하였다. 어려운 생활에서도 아버지나 어머니의 자람에서 어머니를 잃어 외로운 유년을 지낸 공감대로 서로 의지의 큰 힘이 되었다.

　관매도의 수련은 참 즐거웠다. 진도군 연합의 4-H 임원연수였다. 관매도의 연락선은 팽목항을 출발하여 하조도의 어리포와 관사도나 대마도에서 타고내릴 사람이 있으면 중간 기착을 하였다. 요즘에는 관매도가 관광지로 여름이면 6~7차례 왕복을 하지만 그즈음에는 하루에 1~2차례 운행이었다. 관매도 행사가 끝나고 돌아오는 길에 어리포에서 하선하였다.

조도의 중고등학교가 외가에서 기증한 부지에 세워졌다는 말을 들었기에 학교를 찾아 외가에 토착했다. 외종형이 고등학생인데 방학이라 내려와 있어서 어울렸다. 하조도의 남쪽 끝 신전에 사신다는 이모 댁을 30분가량 걸어서 갔다. 어머니의 배다른 동생이지만 어머니를 많이 따랐단다. 신전리는 검정바돌이 널려있는 바닷가 마을이었다. 집과 바다의 경계는 대나무와 팽나무 언덕이 5~6m 되었다.

멸치를 말리는 모습을 처음 보았다. 드럼통을 자른 솥에 물을 끓여 갓 잡아 온 멸치를 데쳐서 바닷가에 선반을 걸어 말린다. 이모의 극진한 대접을 받고 잠자리에 들었다. 남서쪽 마을을 감싼 바위에 파도가 천둥 치는 소리다. 집 앞의 바닷가는 파도가 밀려올 적마다 '차르르 차르르' 자갈돌들이 구르는 소리로 잠을 이룰 수 없었다. 처음 찾았던 외가의 이모 댁 하룻밤을 잊을 수 없다. 어머니의 배다른 동생이 2남 3녀로 막내 이모였다. 그 이모께서 90이 넘은 연세로 서울에 살고 있다가 돌아가셨다. 이모의 7자매 장녀 명자 누나는 목포에 살아 교류하고 있다.

## 여자가 잘 들어와야 집안이

　예부터 어른들은 남자아이들에게 '여자가 잘 들어와야 집안이 잘 되는 겨.' 하였다. 총각 때야 무슨 말인지 알 턱이 없다. 세월이 흐르고 어머니의 자취를 되짚어 보며 '아하' 그렇구나 하게 되었다. 총각 때야 말끔한 여자만 봐도 마음이 끌리던 시기였으니 조금 나이 들며 세상 물정에 눈을 뜨게 되었다. 어머니는 아버지 3형제와 시누이 2명에게도 집안 조정을 잘하여 우리 집에 친척의 드나듦이 끊이지 않았다.

　우리 집은 넉넉한 생활은 아니었지만, 손님들이 끊이질 않았다. 아버지가 한학으로 서당 훈장을 하여 글깨나 읽은 이들이 모이면 밤늦도록 토론이었다. 어머니의 술 빚는 솜씨가 좋아 맛 좋은 막걸리를 걸러 내왔다. 아버지가 3형제 막내였지만 사촌 형이나 사촌 누나, 7촌, 8촌까지도 교통이 원활하지 않아 걸어 다니는 때라서 읍에 가는 길목으로 우리 집에 들러 식사를 하고 잠자리 제공하는 일도 많았다. 어머니는 힘들어도 언제나 누구도 웃는 낯으로 반겼다.

어머니 고향은 진도에서 더 배를 타는 조도였다. 9살에 외할머니의 별세로 부모 사랑 없이 어렵게 자랐지만 배려하고 베풂으로 살았다. 어머니는 현실의 고난에서 미래를 생각하셨다. 내가 친절하고 나누며 신뢰하면 그 선함이 자식들에게 복으로 돌아온다는 믿음.

"아! 어머니."

집안의 화목을 유지하는 데 큰 구실을 하였다. 더군다나 둘째 큰어머니가 큰며느리 들어오는 준비 중 별세하여 사촌 형이나 누나는 어머니께 의지가 많았다. 1960년대 아버지 권유로 남동리에서 우리가 살던 마을 광전으로 이사하여 두 사촌 형은 지금도 살고 있다.

나는 4형제의 막낸데, 이 여자를 짝으로 정하여 후회 없겠는가? 중매가 들어오면서 형제간의 화목을 우선하고 싶었다. 큰형은 과감하였다. 큰형수와 사이에 6남매를 두었다. 현모양처 모습으로 부모님께 효도하고, 형제간의 우애를 보여 집안을 돋보이게 하였다. 시어머니 생활을 그대로 이어받았다. 그런데 고생하여 자식들이 효도할 만하니 59세 나이에 세상을 떠났다. 형은 대농이라 접을 수 없어 소개를 받아 광주 여자를 데려다가 재취하였다. 형제들이야 떨어져 살았으니 문제가 없었지만, 한마을 사는 사촌들 흠을 자주 들먹여 갈등이 심해져 1년 좀 넘겨 갈라섰다. 밭이 몇 마지기 날아갔다.

　주변을 보면 형제간에도 남자의 중심도 중요하지만, 여자로 인해 원수처럼 지내는 집이 많다. 우리 집안에도 한 형수는 신혼 첫날밤 어긋나더니 큰형수의 문상을 오지 않았다. 조카들에게도 세뇌하여 형님 내외가 돌아가시고 연락도 끊고 산다. 형 생존 시 우애가 깊었는데 형은 집안 문제로 갈등이 많았을 거다. 그런데 집안을 부정적으로 보는 조카들 모두는 아니지만 일이 잘 풀리지 않는다.

　세상이 달라지며 형제끼리도 원수처럼 사는 사람들이 많으니 갈등 대다수는 유산에서 오는 경우가 많다. 지나친 욕심에서 오는 거리가 멀어지는 일이 많다. 이해와 배려는 정을 깊게 하지만 사소한 오해로 골이 깊어진다. 어려운 시절 어머니와 큰형수님의 집안, 이웃 화목이 새삼스러워진다. 큰 것보다 작은 일에서 어그러지는 세태 서로 큰 그릇이 되어야 하는데… 그 큰 몫이 여자의 언행이다.

# 애들아, 외가댁도 기억하렴
_처가 이야기

 큰애, 네 나이는 외할아버지 돌아가신 47주기구나. 할아버지는 네가 태어나서 엄마가 서울 구로구 개봉동 친정에 산후조리를 들어가고 다음 날 동사무소에 출근하셨단다. 다음날 새벽 할머니께 할아버지 사고 연락을 받았단다. 그즈음 동사무소에서는 주민등록 조사 작업으로 밤늦도록 가정방문을 하며 조사하였다. 과로로 길에 쓰러진 걸 행인이 발견 신고되었다. 근무하던 관악구에서는 순직 처리 장례를 구청장(區廳葬)으로 하였다.
 할아버지(이호영 1924년생) 고향은 지금은 북한 땅이 된 장단군이란다. 할머니는 일찍 부모님이 돌아가시고 오빠 집에서 자랐다는구나. 그곳에서 자라 외할머니(박유양 1925년생)를 만나 1948년 혼인하였다. 할머니는 결혼 전 장단면의 '삼인보통학교' 임시교사로 근무하였다. 일본의 패망 전 남자들의 징

집으로 교사 수급이 원활하지 못 한때였다. 월남한 친척 중 할머니를 담임으로 했던 영서 씨의 증언에 의하면,

"대고모(할머니뻘)가 저의 3학년 담임이었어요. 아직도 일본 말로 출석을 부르던 기억이 나지요. 대고모님보다는 선생님이에요."

제자이길 원하는 구로동에 사는 인척이다. 외할머니는 결혼하고 서울 동작구 상도동에 살림을 꾸렸단다. 거기서 엄마가 태어났다는구나. 해방되고 삼팔선이 생겨 해주, 개성까지 남한 땅이었지. 외할아버지의 고향 장단은 그 남쪽이니 남한 땅이었다. 엄마가 태어나고 이듬해 한국 동란이 일어났어. 외아들이었던 할아버지는 외증조부께서 어찌 되었나 걱정이 되어 남들은 남쪽으로 피난인데 할아버지는 북쪽 고향으로 간 거야. 6월 하순에 고향에 간 남편이 서울 집에를 안 오니 외할머니는 엄마를 업고 시댁을 찾은 거야. 전쟁 중이니 걸어갔겠지. 망연자실한 시부모님 말씀,

"아가야, 이 일을 어떡하니. 아범이 숨어 지내다가 인민군에 끌려갔어. 내일 의용군이 개성에 집결한다니 가보자."

시어머니와 개성 집결지로 갔으나 남편 얼굴도 볼 수 없었대. 시부모님은

"며늘아가 여기서 기다려서 안 되겠고 서울 집에 가 있어라. 거기로 아범이 갈 수도 있겠다. 바로 떠나라."

시부모님은 쌀 한 말을 주어 엄마를 업고 쌀자루를 머리에 이고 야밤에 피난민 틈에 끼었단다. 임진강을 건너던 나룻배에 너무 많은 사람이 타서 갯벌에서 전복되었어. 갯벌을 허우적거리는데 아이를 업었지 쌀자루는 놓치지 않아야지 허우적대는데 먼저 둑에 오른 사람이

"아줌마, 모두 죽어요. 짐 버려요."

소리쳐서 펄투성이로 둔덕에 나와 서울 쪽으로 걸었다지. 할머니 이야기로

"사람 죽으란 법은 없대. 송포마을(지금 고양시 송포동으로 추측)에 부잣집에서 길에 가마솥을 걸고 밥과 국을 끓여 피난민들에게 나눠주어서 한 그릇 얻어먹고 정신을 차려 서울까지 왔지. 뒤에 찾아뵈어야지 했는데 먹고살기 바쁘다 보니……."

할머니는 상도동 장승배기 근처에서 할아버지가 찾아오기를 기다리며 2년을 버텼데. 서울이 수복되고 1951년 1월 4일 중공군의 개입으로 서울을 다시 빼앗기게 되었어. 다시 피난민이 되어 할머니는 엄마를 데리고 안양까지 피난 대열에 끼었더란다. 폭격으로 구경하던 사람이 바로 옆에서 피투성이가 되는 걸 보고, 피난 가서 죽는 것이나 집에서 죽는 것이나 마찬가지겠다 하고 발길을 돌려 성대골(상도동 집이 있던 곳의 그때 이름) 집으로 왔단다. 금방이라도 할아버지가 돌아올 것 같았단다.

시댁과도 연락이 끊기고 밀가루 공장에 일자리를 얻어 엄마

를 키웠단다. 전셋집도 영등포로 옮겼었다지. 1954년 친척으로부터 뜻밖의 소식이 있었어.

"놀라지 말게. 이 서방이 인민군 포로가 되어 거제도수용소에 있다가 작년 반공포로 석방으로 서울에 자네를 애타게 찾는다네."

그렇다. 1953년 6월 각지의 인민군 포로들과 국군포로의 석방 약속에 임진각에 모였어. 옆에 경의선 철교가 있고 남북통행로 앞에서 지휘관이

"제군들 저 임진강을 건너면 고향으로 갑니다. 그런데 남한 출신이면서 가슴앓이를 했던 이도 있습니다. 임진강을 건너기 전 남한에 남고 싶은 사람은 남한에 남아도 됩니다. 고향에 가고 싶은 사람은 저 다리를 건너 가족을 만나도 됩니다."

반공포로석방이라는 엄청난 발표였지. 모여 있던 포로들은 귀를 의심했겠지. 할아버지의 갈등이 어떻겠어? 부인과 딸을 만나느냐? 강을 건너면 지척인 고향 부모님과 누님들이 있는데……. 수용소에서 인민군 포로들의 횡포도 생각났겠지. 먼저 아내와 딸을 생각하고 발길을 돌렸다는 거야. 서울에 신혼집이 있었으니 먼저 찾았지만, 생사를 알 길이 없던 거야.

할머니는 87세로 돌아가실 때까지 한국동란의 참혹한 광경이 지워지지 않아 붉은색에 진저리쳤단다.

**외가댁 이야기 어둠에서도 희망의 끈은**

할아버지는 반공포로에서 석방되어 서울 성대골 집으로 찾아갔겠지 가족이 떠난 자리에는 아무도 간 곳을 모르는 거야. 임진각의 반공포로석방을 하면서 지휘관은

"가족을 찾아보고 기댈 곳이 마뜩잖으면 군부대를 찾으십시오. 현역 한국군으로 받아주겠소."

하여 현역 군인으로 중부 전선에서 근무하였어. 2년을 근무하고 제대를 하여 영등포 일대와 고향 사람들을 찾아 나섰다가 가족 상봉을 하게 된 거야. 모진 시련의 한국동란은 이산가족의 아픔을 주었지만, 하늘의 도움으로 5년의 공백을 메울 수 있었다. 1950년 생이별한 지 5년 만이었다. 신도림 쪽방촌의 전세방이지만 1956년 외삼촌(기영)이 태어났다.

"인민군의용대가 되어 영천 전투 때 무조건 항복했어. 남한에는 사랑하는 가족이 있었어."

1961년 셋째 딸(미혜)가 태어났다. 구로동으로 옮겨 살게 되었다. 그즈음 말단 공무원은 보수가 밀가루나 쌀로 겨우 먹고 살아갈 정도이니 할머니는 부업을 하여 집안을 꾸려갔단다. 1966년 넷째 딸(미영)이 태어났어. 1972년에는 개봉동에 민영아파트가 분양되어 내 집을 갖게 되었지.

네 자녀 중 셋은 학생이니 맏딸(순자)은 대학 진학을 시킬 형

편이 안 되었다. 1968년대 한창 수출장려로 가까이 구로공단에서 '안코어' 직원채용이 있었다. 그곳의 총무과에서 봉급담당을 맡았다. 커튼의 자수와 실내화 자수를 미국에 수출하는 회사였다. 보수는 공무원인 아버지의 서너 배였다. 그 회사에서 만난 동료들이 2024년 지금까지 '꽃돼지회' 모임으로 8명이 머리 허연 할머니로 이어지고 있다.

 맏딸은 1974년 초등교사를 짝으로 만나 2남 1녀를 두었다. 1975년 할아버지에게는 바쁜 공직생활이었다. 주민등록법에 따라 1968년 주민등록증이 처음 발급되었다. 주민등록 일제정비로 공무원들은 주민등록업무에 바빴다. 11월 4일 외손녀가 태어났다. 맏딸의 시댁에서 산바라지할 수 없어서 친정으로 데려왔다. 할아버지는 손녀에게 미소를 보내고 출근하였다. 그날 할아버지가 밤이 되어도 퇴근하지 않고 연락이 없어 걱정하였다. 이튿날 새벽 영등포시립병원에서 위독하다는 연락을 받았다.

 할아버지가 5일 마지막 면담한 주민은 22시경이란다. 행인에게 길에 쓰러진 할아버지가 발견되어 신고된 것은 자정쯤이란다. 이미 몸은 차가워져서 병원에 옮겨진 거란다. 아기가 태어난 기쁨도 잠시 초상집이 되었으니 산모에게는,

 "아버지가 부상을 당해 위중하시니 어머니가 병원에 수발을 들어야 해. 성남 집으로 가야 해."

하여 맏딸은 산후조리로 할아버지 장례에 참여도 못 하고 삼우제에야 알게 되었지.

관악구청장으로 순직 처리되어 국가보훈 7급을 받는다. 할아버지는 52세의 나이로 파란의 일생을 마쳤다. 할머니는 보험회사에 다니며 가장 역할을 하였다. 1976년 개봉동 아파트를 처분하고 가리봉에 단독주택으로 이주했다. 아들은 대학을 졸업하고 건설회사에 입사하였다. 1980년대 중동 붐으로 이라크에 파견근무를 했다. 그해 외손 홍열이 태어났다. 1984년 가리봉동에서 시흥 이층집으로 이주하였다.

1984년 아들(기영)이 해외 근무를 마치고 돌아와 2년 뒤 박진숙을 만나 혼인하였다. 87년 미혜를 결혼시키고 외손자 희열이 태어났다. 해가 바뀌며 손녀 화선, 93년 손자 승현을 보게 되었다. 보열이도 있구나. 막내딸(미영)의 대학 졸업은 보훈 가족이 큰 힘이되었다. 막내는 1991년 결혼하여 사위의 일본 파견에 일본 여행을 다녀왔다. 95년 민수, 뒤이어 민우를 두었다. 할머니는 자손의 번창함에 할머니의 면모를 보이기 위해 취미생활을 찾다가 서예 교실을 다녔다. 해가 갈수록 발전하여 전국 전시회 출품하였다.

할머니는 여장부셨다. 2014년 향년 89세로 훨훨 여생을 털었다.

# 집안 대소사(大小事)의 의미

삶에 있어서 집안의 축하와 애도의 여러 일이 있다. 태어남, 결혼, 죽음이 있다. 서로 얼굴을 내밀어서 인연이 깊어진다. 형제간이라도 그 행사에 연락 없이 몇 차례 불참하게 되면 단절이 된다. 오는 정 가는 정이다.

가장 떠들썩한 행사가 결혼식이다.
혼주의 8촌 내외간 외에도 이웃과 외가, 지인들 거기에 양가 친척, 전 현직의 직장 동료까지 모이니 첫애이면 예식장 발들일 틈이 없도록 하객들이 모인다. 30분 내의 혼례에 한 시간 정도의 식사면 뿔뿔이 흩어진다. 그것도 하객이 모두 식장에 들어가는 게 아니고 대부분은 축하 인사 후 식당으로 향한다.
70년대까지 시골에서 가난하다 하여도 음식 장만하여 형편이 나은 집은 3일 손님 받기 보통 집에서도 이틀 손님 받기였다. 멀리서 온 친척들은 행사가 끝난 다음 날까지 함께 했다. 하긴 그때는 쌀 한 두어 됫박 가져온 그릇에는 이바지로 떡이며 전도 넣어 보냈다. 지금처럼 바빠 살지 않아서였겠지만 동네에 도울 일손도 많았다. 음식을 만들어서 나르고 설거지까지 서로 도왔다.

손님을 많이 치르는 자리가 장례식이다.
상주는 지금도 3일 정도 손님을 받지만, 한때는 화장장 문제로 5일 장을 치르는 일도 있었다. 고인과 가까웠던 사람뿐이 아니라 상주와 인연이 닿는 사람들도 찾게 된다. 발이 넓거나 지위가 있는 사람들에겐 조문객이 훨씬 많아 장례식장이 혼잡하기도 하다. 접대 음식은 거의 업체에서 맡아서 치른다.
결혼 풍습과 달리 장례식은 90년대까지도 가정에서 치르는 일이 많았다. 공동주택에서도 흔히 볼 수 있었지만, 요즘은 모두 장례식장으로 바뀌어 조문을 받는다. 집에서 조문을 받을 때 접대 음식은 이웃들의 도움으로 마련되고 문상객을 맞았다. 그때엔 갑작스러운 일이라서 마을에서 팥죽을 쑤어 오는 이, 막걸리를 준비해둔 집에서는 걸러서 내주기도 했다.
상여가 나가는 날은 상포계가 있어 동네 한 집에서 1명씩 나와 상여를 매거나 산소 자리 만드는 일을 도왔다. 상여가 나가는 앞에는 만장이라 하여 고인의 넋이 북망산에 잘 가기를 기원하는 문구를 적어서 지금의 현수막처럼 대나무 가지에 묶어 상여를 인도한다. 지금은 이런 장례식은 구경할 수 없다. 만장의 많고 적음이 고인의 평소 인간관계를 나타냈다. 요즘은 화환으로 대신한다.

명절이면 차례를 모시지만 돌아가신 이의 기일이면 가족과 친척들도 한자리에 모였다. 왁자한 제사이다. 밤중에 제사를 모시고서 음복으로 메밥(제사상에 올린 밥)이나 탕을 나누고 제삿날 아침이면 술국을 끓여 마을 사람들을 불러 아침을 대접한다. 그러니 마을에서 어느 집 제사가 있다면 전날 술 한 병이나 제물을 넣어주었다. 마을방송이 만들어지기 전에는 아이들이 마을 집 곳곳이 돌며 초대하였지만, 동네 확성기가 달리며,
"애, 에, 마을회관에서 알립니다. 00네 집에서 어젯밤 제사를 모셨으니 아침 잡수러 오시란 연락입니다."
"어제 장례를 치른 00네 집에서 아침 식사 대접이 있답니다. 일 나가기 전 들려 식사하고 가십시오."
이런 모습들도 모두 사라졌다. 제사도 가족끼리 단출해졌고 자손 된 학생들은 시험공부라고 참여도 꺼린다. 사촌들은 아주 가까이 지내지 않았다면 모르고 지난다. 요즘 제사도 시간을 저녁에 차리고 다음 날 일들이 있어 행사를 마치면 뿔뿔이 헤어진다.

생일잔치, 회갑, 고희 등의 행사가 있지만, 돌잔치라고 가족 친지 직장 동료를 불러 음식점에서 하지만 초대도 초대받는 일도 지나치다는 의식으로 가족 위주로 옮겨진다. 회갑은 옛날과 달라 수명이 길어지니 고희연은 볼 수 있으나 회갑은 어쩌다 초대받는다.

집안 대소사의 의미는 집안의 축하와 위로지만 정으로의 끈이라 생각한다. 함께 기뻐하고 슬퍼하는 상부상조의 오랜 우리의 문화다.

# 2

## 뚜벅뚜벅 가는 길

## 정(情)의 가격

물건의 값어치에
가격이 매겨지지
사람의 가치에는
인격의 사람다움
나다움 남의 평가는 생각 나름 다르다

서리가 내리기 전
풋고추 거두어서
친구의 음식점에
필요한 매운 고추
상자에 가득 담아서 어깨에 매 나들이 길

땀 흘려 가폈음에
치사는 고맙지만
공짜는 싫다하는
친구의 마누라여
내 마음 내키지 않음 가져갈 리 있겠소?

주어도 아깝잖은
이웃이 있지마는
받아도 미덥잖은
주변이 있더이다
정(情)이란 무게와 깊이 통하는데 다르다오

넘치면 모자람만 못하다죠? 過猶不及

### 할아비 된 날

말띠 해 밝아오고
하마나 기다렸지
세상을 보는 일을 손꼽아 사흗날에
여럿의 조바심 속에 득녀 소식 있었다

새 생명 강보 싸여
카톡에 보내왔다
세상을 마주하는 신생아 신기하지
아가야 너의 앞날이 오늘같이 길이길이

너에게 새론 이름
누리라 어떠한지?
온 누리 밝히라는 김누리 닮아갈까?
지하철 안에서 감격! 내릴 자리 놓쳤구나.

이런 시조였다. 4월 늦은 혼기에 결혼하겠다고 하여 두말없이 "많이 생각했을 터 후회 없이 살도록 하려무나." 허락하였는데 3월에 집을 얻는다고 하여, 왜 이리 서두를까? 하였는데 그즈음 생겼나 보다.

손녀가 태어났다는 연락을 받은 날 집사람에게 가봐야지 않느냐며 위 시조를 보냈더니,

"연락해 봤더니 며느리가 제왕절개 출산이라서 방문을 늦췄으면 어떠냐고 하네요."

"한아비 시 글은 카톡으로 보냈우."

하였다.

그 뒤 여러 날 카톡을 통하여 이름에 대한 문의가 왔다.

"너의 아이니 네가 결정하도록 해라."

하면서도 블로그에 올렸더니 많은 지인이,

"이름 참 예쁩니다."

하여 뿌듯하였다. 며칠 후,

"작명소에 갔더니 섬도에 영을 넣거나…세 가지가 나왔어요."란다.

"작명소에 갈걸. 뭐 하러 나에게 물었니? 너 알아서 하렴."

하고 말았다. 며칠 전 막내가,

"지어준 조카 이름 쓰지 않았다고 섭섭해하지 마셔요."

"섭섭해할 거 뭐 있니?"

"형이 새누리당 싫어하잖아요. 그래서 거슬렸을 거예요."

난 생각지도 않았던 말에 어안이 벙벙했다. 그리 연결이 되기도 하는구나.

어휘는 놀라운 파급을 나타낸다. 겨레말에 '동무'라는 말이 있다. 동무, 동무, 씨동무 얼마나 정겨운 말인가? 그런데 이 말이 6·25 후 남쪽에선 금기시 한 말이 되었다. 북한 공산당의 보편적인 호칭 때문이다.

"아바이 동무." "대장 동무." "선생 동무."

등, 그러고 보니 동무라는 말을 쓰면 주위에서 간첩으로 오인되기 쉬웠다. 그러다가 어느 대통령 후보가

"하늘이 두 쪽이 나도 나는 대통령에 당선될 거라" 했다. 결국, 두 번이나 실패하였다. 하늘을 가볍게 본 저주가 아닌지?

'우리당'이 있었다. 이건 누구나 쓸 수 있는 겨레말을 도둑질한 건 아닌지?

'한나라당'이 있었다. 꼬이고 꼬여 그 부실로는 대통령 선거를 치를 수 없어서 '새누리당'으로 바꿨다. 누구나 써야 할 말을 자기들의 것으로 이 나라 사람들이 눈치 보며 사용하게 만든 질 나쁜 이들이다. 그리고 지금 어느 때인데 자기들과 다른 생각을 가졌다고 종북이니 빨갱이니 하는 사람들을 보면 한심하기 짝이 없다. 정치가의 자격도 없는 사람들이다.

사람의 이름 중에 어떤 이는 '하늘' '천재' '바다' 등이 있다. 겸손을 버린 건 아닌지 그런 이름을 가진 이 치고 뭐가 뛰어난 사람 못 봤다. '넘치면 모자람만 못하다는 걸 망각한 게 아닌지. 작명에서도 예의를 지켜야 하는 게 아닌지?

# 빛밭농장 20여 년의 변화

1. 율곡리에 '빛밭농장'을 열다

　맹자께서 '일을 해보면 쉬운 것이다. 그럼에도 시작은 않고 어렵게만 생각하기에 할 수 있는 일들을 놓치게 된다.'라고 말씀하셨나 봅니다.

　지금의 농장에 '빛밭농장'이란 이름으로 20여 년 가꾸어가고 있습니다. 처음의 마음이 해가 갈수록 농사일에 대충 하는 자신을 발견합니다. 느슨해지는 마음을 다잡기 위해 지난날을 살피며 추슬러 봅니다. 2001년 11월 농장을 매입했습니다. 파주 운정 상지석리 농토를 13년 가꾸다가 주변의 상황 변화는 위치를 바꾸게 하였습니다. 운정 신도시 계획에 따라 나무를 키우던 중 나무 그늘로 이웃의 항의를 견디기 힘들었습니다.

　나무를 옮길 자리를 찾다가 지금의 위치가 상지석 토지의 2배 이상 면적에 이웃 갈등의 소지가 없는 곳입니다. 목장 터였기에 울타리의 쇠 파이프와 시설물을 고물상에 의뢰하여 철거해 가도록 했습니다. 축사 관리소가 지붕이 무너지고 축사도 무너진 걸 해체하는 작업에 중장비가 5일을 작업했습니다. 농장 아랫집이 한 채 있고 60대 남자가 혼자 살고 있는데 텃세가 상당했지만 잘 넘겼습니다.

 2,000여 평을 혼자서 감당했던 것은 50대의 의욕이었습니다. 농장의 첫 작업은 상지석리의 조경수를 옮기는 작업입니다. 가까이 지내던 조경업자에게 느티나무, 산사나무, 박태기나무를 옮겨 심었습니다. 느티나무는 10년이 넘게 자란 50그루 정도, 산사나무는 7년 정도 가꿨는데 가시 때문에 다루기가 어렵습니다. 20일 가까운 작업에서 굴취 작업 인건비, 자재비, 운반비, 간식비를 포함하여 900만 원가량 들었습니다. 작은 나무들의 운반은 일요일 아들들을 달래 도움을 받아 승용차로 옮겨졌습니다.

 농장 면적의 반 정도가 조경수로 매워졌기에 남은 면적을 감당하는 일이 가능했습니다. 농장에서 2km 지경에 직장이 있었기에 아침 일찍 거주지인 고양시 일산에서 출근은 농장으로 하였습니다. 한 시간 정도 일하다가 씻고 8시면 직장으로 출근합니다. 오후 5시 퇴근하면 두 시간 정도 농장, 공휴일은 종일 농장에서 일합니다.

 2007년 봄 멧돼지의 출현으로 농장 둘레 400m 가까이 철망

울타리를 하였습니다. 작업자들에게 비닐 집 작업을 맡겨서 꿈에 그리던 비닐하우스 설치의 실천에 옮겼습니다. 비닐 집은 노지재배와 달리 장마나 가뭄에도 안정적인 농업이 가능합니다. 250㎡짜리 두 동이니 이어짓기를 피합니다.

  2011년 8월 정년 퇴임을 하며 첫 도전이 농장의 지형을 바꾼 일입니다. 아래쪽 도로가 있고 큰 도랑이 있었습니다. 경계측량을 해보니 길 아래 큰 도랑의 아래 둑을 넘어 1m가량에 깃발이 꽂혔습니다. 지적도를 살피니 당시 도로가 깃발 꽂힌 아래 3m 도로가 국도로 잡혀있습니다. 그곳에 사는 사람은 아래 둑에 나무를 심어 경계로 있는데 지적도를 보이며 도로를 다시 찾자고 했더니 펄쩍 뜁니다. 내 토지를 찾는 방법을 생각하다가 도랑을 메워 새길을 지적도의 도로까지 넓히면 잃은 땅을 상당히 찾는 방법임을 알았습니다. 아랫집에는 둑의 나무를 베어 달라고 요구했습니다. 이웃과 10년 정도 얼굴을 익혔기에 공사 진척이 가능했습니다. 바로 매입하여 공사하였다면 저항이 많았을 겁니다. 흄관을 주문하여 60m 넘는 길이의 도랑을 10여 일 중장비 기사와 작업하였습니다.

**2. 빛밭 자연인이 주변과 소통하는 방법**

  도시에 많은 시민이 모여 살 듯 농촌은 마을에서 옹기종기 모여 삽니다. 세상이 변화하며 마을에서 떨어진 내 농장의 이웃은 농장 가까이 인가가 없습니다. 아랫집이 한 채 있어 노인 한 사람이 살다가 2017년 사망하고 빈집입니다. 생존해 있을 때는 노인문화교실에서 만난 이들의 집합소였습니다. 노래방 기기가 있어 매일 같이 술 파티였습니다.

선유리 마을의 두 분과 다정하게 지냈으나 고령에 오랫동안 병상에 있다가 돌아가셨습니다. 염소 할아버지는 농장을 시작하고 첫 대면의 이웃입니다. 흑염소를 키우고 있어서 염소가 잘 먹는 풀이 자라면 뜯어다가 넣어주며 가까워졌습니다. 북한의 청진에서 살던 중 해방되며 월남했답니다. 아버지가 만주의 경찰 간부여서 일본인들 귀국선을 얻어 타고 강원도에 정착했답니다.

한국전쟁이 일어나기 전 북파공작원에 차출되어 죽음의 고비를 몇 번 넘겼답니다. 미군이 선유리 주둔 때는 잘 살다가 미군 철수로 어려워졌답니다. 북파공작원을 인정받아 보훈대상자가 되어 지금은 동작동 국립묘지에 영면합니다. 염소 할아버지는 막걸리나 맥주를 사 들고 오셔서 세상 사는 이야기나 쉼터 앞 화단에 꽃도 가꿔주셨습니다. 당신이 키운 손녀가 교직에 있었다고 하여 더욱 가까워졌습니다.

김 회장은 고개 넘어 며느리가 유치원을 운영하는데 모종을 잘 기르는 재주가 있어 나눔도 자주 했습니다. 젊은 시절 인근에서 선도 농가로 인정받았답니다. 농장 옆의 밤 동산이 당신의 젊은 날을 말해 준다는 자랑이었습니다. 텃세가 심하였는데 내 농장 앞에 논을 가지고 있어 보일 때마다 술 한 잔을 권한 게 이웃으로 인정받았습니다. 농작물 씨앗이나 모종을 곧잘 주어 고마웠습니다. 집안에 우환이 끊이지 않는다는 걱정을 하더니 오랫동안 병상을 지키다 2021년 세상을 등졌습니다.

어느 날 전날 농장을 비웠다가 갔더니 문 앞 의자에 검정 울타리콩이 비닐봉지에 놓여 있습니다. 며칠 뒤에 이웃 칠공주댁 큰딸이 자주땅콩씨를 한 줌 줍니다. 칠공주 댁은 아들 하나에 딸이 일곱 태어나 마을에서 그렇게 부른답니다. 내 농장에서 서편의 비껴진 곳의 부모 산소에 붙은 농토를 형제들이 주말농장 삼아 가꿉니다. 장녀분께 내가 심다 남은 토란씨나 쪽파 등을 주었더니 간식거리나 막걸리를 놓고 가기도 합니다. 더러는 가꾼 오이나 두릅을 나누기도 했습니다. 그 자매들이 가꾸기 전에는 마을의 한 영감님이 경작하여 가끔은 관리기로 갈아엎어 주기도 했습니다.

도시에서 이웃사촌이라는 말이 있습니다. 친척인 사촌보다 가까이 살아서 돈독하면 이웃사촌인 겁니다. 이웃끼리 서로 씨앗을 나누는 일은 서로 마음 소통이 없이는 어렵습니다. 자신이 먼저 친절을 베풀면 '가는 정 오는 정'이라지 않던가? 20여 년 농장 운영을 하다 보니 터줏대감이 되었습니다.

3. 쉼터와 황토방 마련

 농장 앞 도랑의 흄관 작업으로 도로 편입에 49평이 들어갔습니다. 새로 찾은 면적이 100평 이상입니다. 새길을 내다보니 장마에 길이 질척거려 농장에서 나오는 자갈을 넣었습니다. 봄비가 조금 많이 내린 날 얼었던 땅이 녹으며 다져지지 않은 길은 진흙 벌이다. 지나던 차가 진흙탕에 빠져 구조를 부르기에 이르렀다. 현장에 있다가는 멱살을 잡혔겠습니다. 앞집 아저씨는
"지나는 이들 불만이 많아요. 골재라도 불러 깔아요."

 당신이 차지한 도로용지를 내놨으면 이런 불편이 없었을 텐데. 대꾸하기도 싫었습니다. 골재 자갈을 주문하고 장비를 얻어 길을 정리했습니다. 지목에 도로 표시가 있는 길인데 복구를 안 시켜 사도(私道)를 낸 일입니다.

 창고를 이용하여 농기구와 작업복을 놓는 불편함이 있었습니다. 2011년 퇴임을 앞두고 건축박람회장을 찾았더니 이동식 주택이 마음에 닿아 주문하였습니다. 집짓기 강좌가 있으면 찾았습니다. 농가 주택을 이야기했더니,

"10평 이하 쉼터는 쉽게 허가가 나지요. 10평을 한 동으로 하지 말고 5평씩 두 동으로 만들고 2~3년 후 두 동 사이를 막으면 농기구 관리나 농산물 저장에 요긴하게 쓰일 겁니다."

 하여 이동식 주택은 5평에 창고로 5평의 건축 허가를 신청하여 황토방을 꾸밀 계획을 세웠습니다. 이동식주택도 기초를 다

져야 했기에 백회로 하였습니다. 5~6개월이 지나도 잘 굳어지지 않아 알아보니 백회는 해가 갈수록 단단히 굳어진답니다. 2011년 11월 여주에 발주한 이동주택이 들어왔습니다. 크레인이 들어 기초 위에 놓았습니다. 직원 두 사람이 싱크대와 화장실 수도 연결과 데크 설치로 종일 작업하였습니다.

2012년 5월부터 창고 건축을 위해 황토방 경험이 있는 이를 수소문하여서 주내 역 근처 황토집을 지은 하 씨에게 맡겼습니다.

"벽을 황토벽돌로 하지 않으려면 벽채 전체를 철봉으로 용접한 후 다이아몬드 철망 사이에 황토를 이겨 넣는 게 좋겠어요. 물론 지붕에도 흙을 얹고요."

5월 중순부터 시작된 집짓기는 6월 20일께 끝났습니다. 벽과 지붕의 흙은 농장 맨 위 높은 곳에서 파서 옮겼습니다. 볏짚을 구해 작두에 썰어 흙과 섞어 끈기를 더했습니다. 벽과 지붕 얼개가 끝나고 지붕에도 다이아몬드 철망이 용접되었습니다. 지붕은 중장비를 얻어 이겨진 흙을 올리면 지붕 위에서 흙을 얹었습니다. 흙이 굳어진 뒤 샌드위치 패널 고정한 뒤 아파트 싱글로 마감하였습니다.

구들을 만드는데 벽돌보다는 흙벽돌을 찍었습니다. 어린 시절 고향에서 새마을 운동으로 벽돌 찍는 걸 경험했기에 대목에게 흙벽돌 찍을 틀을 부탁했습니다. 구들 벽돌을 150장 정도 찍었습니다. 구들돌을 수소문하여 옛 구들돌 파던 곳이 가까운 법원리에 있는 골짜기를 찾았습니다. 근래에는 구들돌 찾는 이들이 없으니 가게에서 구하기 힘들었습니다. 골짜기 냇가에서 넓적한 돌을 승용차에 실어 왔습니다. 5평에 깔아야 하니 상당량이 필요했습니다. 윗목은 건축물의 폐기장에서 대리석 판을 주워 오기도 했습니다. 부뚜막에 걸 무쇠솥은 인터넷에서 안성 주물을 주문했습니다.

흙벽의 초벌, 재벌 바르기와 구들 놓기 기술자를 수소문하여 인천 사는 토수(흙 바르기 기술자)가 연결되었습니다.

"황토 모르타르에 우뭇가사리를 끓여 재벌 바르기를 하면 회 바르기보다 좋아요."

조언에 따라 인터넷에서 우뭇가사리 구매가 원활치 않아 진도 조도의 이종 동생에게 연락했더니 구하여 보내왔습니다. 방 안 벽과 천장, 외벽의 3벌 바르기는 자신이 했습니다. 내벽 바르기를 우뭇가사리 물에 섞어 바르니 손으로 문질러도 흙이 묻어나지 않습니다. 외벽은 비바람이 들이쳐도 벽이 잘 보존됩니다. 남은 우뭇가사리는 그 뒤에도 서너 차례 덧바르기를 하고 있습니다.

건축설계 사무실의 허가가 태만하여 4년 만에 준공 검사가 되었습니다. 구들에 불을 계속 지펴야 하는데 구들 받침 벽돌이 장마에 가라앉아 재시공하기도 하였습니다. 부뚜막을 어떻게 놓느냐와 굴뚝의 굵기는 불 들이기 상태를 가늠합니다. 불들이기가 잘되면 땔감이 덜 들고도, 방 안이 따뜻하게 됩니다. 처음 굴뚝이 150mm에서 300mm로 바꾸니 불길이 좋아졌습니다.

지금은 부뚜막 철문이 덧달아지고 눈비를 피할 가림막이 설치되었습니다.

## 4. 닭 키우기(양계)와 함께한 시절

2012년 황토방 만들기가 끝나자 또 다른 도전이 기다렸다. 동료 교장이었던 송 교장이,

"농장에 닭 키워보지 않을래요? 병아리를 분양해 줄 사람이 있는데 장소가 마뜩잖아서……."

"닭장을 만들어볼까요?"

황토방을 만들고 4각 철봉과 다이아몬드 철망이 남아 반납도 마땅치 않아 건축을 맡았던 하 씨에게 이야기했더니,

"서너 평 닭장 재료는 되겠어요. 지붕 재료가 문제인데……."

"아, 그거면 모아놓은 슬레이트가 있어요."

둘레를 파고 자갈을 넣은 뒤 철 기둥을 세웠다. 솜씨 좋게 용접을 하여 슬레이트 지붕을 얹었다. 이듬해 5월 부슬비가 내리는데 집에서 장모님이 별세하셨다고 아내의 전화가 왔다. 마음이 심란한데 송 교장 전화가 왔다.

"지금 병아리 분양받아 싣고 농장으로 가고 있어요."

"어쩌죠. 상을 당해서 삼 일간 돌볼 수 없어요."
"그럼 그 기간은 제가 돌봐 드릴게요. 어디 다른 곳에 둘 곳이 없어요."

쉼터 안에 자리를 마련하고 대충 온도조절 보온 전구를 준비해 두고 떠났다.

쉼터의 전기난방도 잘 들었다.

삼 일 뒤 쉼터에 와보니 병아리 육추용 사료에 물을 갈아주어 잘 자라고 있었다. 200마리 중 5마리는 백봉오골계란다. 밤이면 방 안의 온도를 높여주어 관리했다. 10여 일이 지나며 저녁 뒷바라지를 하고 아침에 쉼터 문을 열어보면 방바닥은 아수라장이었다. 녀석들이 상자에서 날아 나와 방은 엉망이었다. 15일이 되어 닭장으로 이사하였다. 성장이 좋아 서너 평 닭장이 가득하다. 70마리를 분양하여 장소의 여유가 생겼다.

닭장 밖으로 때죽나무 자라는 곳에 울타리를 만들어 운동장을 만들었다. 저녁이면 닭장 안으로 모아 아침이면 닭장을 열어 200평 가까이 되는 운동장이다. 풀들이 자랄 틈이 없었다. 나무의 낙엽들이 쌓인 곳에는 지렁이와 개구리가 살았다. 닭들은 보이는 대로 먹이가 된다. 달팽이도 남아나지 못한다. 구입 사료에 정미소에서 구한 싸라기를 섞고, 칡잎과 아카시아 잎을 따서 말려 가루로 섞어 사료로 하였다. 집에서 음식물 쓰레기로 나오는 국물을 낸 멸치, 멸치 내장, 달걀 껍데기 등도 닭장에 던져진다. 병아리 때 어패류 공급은 자람을 크게 도왔다.

중병아리로 자랄 때까지는 들고양이에게 몇 마리 빼앗겼지만 2개월이 되면서는 얼씬거리지 못했다. 사람들은 복날 삼계탕을 찾는다. 아내에게

"복날 방사 닭이 필요한 사람들 있으면 알아봐요."

했더니 20마리를 주문받았다. 닭을 잡아 털을 뜯고 내장을 꺼내는데 경험이 없다. 개구리 한 마리 잡는 것도 주저하던 선생 출신이다. 이웃 할아버지 도움으로 20마리를 처리하니 하루해가 갔다. 차츰 경험이 생기니 20마리 정도 서너 시간 처리가 가능하다.

닭 키우기를 계획하며 복합영농을 생각하였다. 양계에서 얻어지는 건 닭고기와 달걀이 있지만, 부산물로 계분(닭똥)이 있다. 계분은 가축 분에서 성분이 으뜸이다. 채소의 다듬기에 나오는 쓰레기, 덜 익거나 상한 호박, 터진 토마토 닭은 즐겨 먹는다. 그즈음 블로그에 '잽싸리의 하소연'은 생생한 닭 기르기 동화이다.

농장이 산속이나 마찬가지라 야생동물이 닭들을 노린다. 오소리, 너구리, 족제비, 솔개미 등이다. 애들을 돌보기 위해 농장은 하루를 못 비운다. 2016년 12월 칠순 여행으로 자녀들이 주선하여 뉴질랜드를 다녀왔다. 선 듯 결정하지 못하는 걸 딸

아이가 닭을 돌봐주겠다고 나서 결정했다. 다녀오니 한 마리가 야생동물 피해를 봐 그나마 다행으로 생각했다.

12월 31일 아침 평소에는 내 발소리에 '구구' 거리는 닭장이 조용하였다. 닭장을 여니 26마리의 닭이 모두 널브러져 있다. 만져보니 몸에 온기가 남았다. 모두 목 주위에 핏자국이 있다. 야생동물 중 담비의 소행이 분명하다. 오소리, 너구리 족제비는 한두 마리씩 물어간다. 새봄 많은 병아리를 부화할 꿈이 산산조각이 되었다. 조류인플루엔자, AI 등 전염병에도 건강한 우리 닭은 걱정 없었는데 다시 닭을 돌볼 의욕을 잃었다.

요즘 달걀값이 오를 대로 올라 아내는 옛 방사 달걀을 이야기하지만 손사래다. 명절이면 몇 마리씩 가져가던 지인들은 그때의 닭 맛을 기억하고 다시 키우라 권유다.

5. 학교 텃밭 봉사활동의 교원 출신 농부

"웬일이오? 그리 일찍 나가려고."

그날따라 집에서 나선 시각이 좀 빠르긴 했다. 농장에 나가도 보통 사람들 출근 시간처럼 7시 반 이후였는데 그날 아침은 이른 시각이었다.

"오늘 서울성원학교 텃밭 봉사활동 날인데 모종을 심기로 했어요."

집에서 거리는 얼마 되지 않지만, 3번의 대중교통을 갈아타는 곳이다. 이 학교의 봉사활동이 2018년 처음 텃밭을 일군 해부터였다. 학교 텃밭이 나무가 자라던 곳을 파 일구어 나무뿌리와 돌 고르기도 많았다. 7m가량 축대와 학교 건물 안이라서 작물이 자라기 알맞은 환경은 아니었다. 관리자들이 관심을 두고 그린에듀 봉사단원들도 열심이었다.

그린에듀는 2016년 시작한 서울교육청 산하 평생교육센터의 퇴직 교원으로 결성된 이모작 센터다. 그린에듀가 담당한 학교 숲 가꾸기와 학교 텃밭 가꾸기, 지원 활동 등 어린이 생태 감수성 교육을 하는 학교에 필요한 봉사활동이다. 단원들은 평생 교직에서 가르치는 일에 전념해 왔다. 작물에 텃밭 가꾸기나 자기 농지를 가진 이들은 극소수이다. 활동에 앞서서 전문가들의 사전 연수를 하여 단원들은 활동 분야의 기초적인 지혜를 터득한 뒤 시작한다. 작물의 특성상 씨를 뿌리고 모종을 심는 시기를 놓치면 안 된다는 교과서적인 연수이다.

자신은 다행히 농업경영인이라 배정되어 활동하게 된 해당 학교는 행운이었다. 봄 작물은 텃밭 이랑을 학급별로 학급에서 심겠다고 하여 그것도 교육 활동으로 의미 있겠다. 그런데 한 학급의 선정 작물이 서너 가지다 보니 작물의 크기와 자람이 어긋나 들쭉날쭉한 재배였다. 농사를 조금 아는 이는 쓴웃음을 지었을 거다. 그해 방울토마토, 오이, 가지, 상치, 고추 등 작물들은 잘 자랐다. 가을 작물로 배추, 무를 길렀다. 학교 텃밭 연구보고서를 살펴주었는데 우수학교로 뽑혔다고 직원들이 좋아하던 모습이 선하다. 봉사활동에서 보수는 점심값과 교통비 정도다. 그래도 놓지 못하고 참여했던 것은 단장의 '운영의 묘'로 많은 단원을 하나로 묶는 끈이 되었다.

농장 운영에 몰두하기 위해 2020년을 마지막으로 5년간의 봉사활동을 접었다. 1주일 한두 번의 일탈이었지만 소중한 추억의 시간이었다.

6. 도전 7년 오이 가꾸기 놓기 아까운 기술 터득

그동안 비닐 집에는 고추재배를 주로 겨울에는 양파와 마늘을 심어 큰 수익은 없었다. 고추는 태양초로 하여 집에서 사용하고 약간의 판매 수입이 있었다. 퇴직하고 좀 더 수익을 낼 작물을 찾았다. 농촌진흥청의 수년간 수익 작물로 으뜸에 오이가 있었다. 오이는 비닐 집에서 해마다 20여 그루 가꿔 이웃과 나눠왔다. 2012년 연말 비닐 집에 맞는 여러 작물을 생각하다가 대상 작물을 결정하였다. 방법은 생산성을 높이는 방법이었다. 우선 비닐 집 한 동에 오이 400그루 정도 심을 계획을 세웠다.

주변 오이 농가의 자문받기 위해 단위 농협에 문의했더니 독농가를 소개하였다. 그해 1월 눈이 소복이 내리던 날 독농가와 약속을 잡고 찾았다. 비닐 집이 1,900$m^2$ 크기로 난방과 자동 급수장치가 된 시설이다. 내가 가진 230$m^2$짜리 두 동은 초라한 모습이었다.

"10년 전 정부의 80% 보조로 지은 거죠. 3월 15일쯤 모종을 넣어 5월부터 본격적으로 생산합니다. 판매는 군납하기에 큰 걱정이 없죠."

가꾸는 정보교환과 얕은 지식도 얻고 농장에 오는 길에 농협에 들러 자재를 구매했다. 이중 터널을 위한 강선과 비닐, 줄을 올리기 위한 자제 등 모종을 키울까, 생각했는데 자문을 하신 이가 구매를 권하여 모종을 키우는 곳을 수소문하여 3월 하순 심을 수 있게 500개를 신청하였다.

비닐 집 밖은 영하의 기온이었다. 비닐 집 안도 땅거죽은 얼어 있었다. 비닐 집 안에 4 이랑을 넣을 계획으로 다섯 도랑을 곡괭이로 파갔다. 30cm 간격에 40cm 깊이로 팠다. 팬 곳에 볏짚을 둥글게 지름이 20cm 정도 짚 더미를 만들어 넣었다. 그 위에 농장 옆 산에서 낙엽을 긁어와 덮었다. 그 위에 정미소에서 미강을 사 와서 깔았다. 미강은 볏짚과 낙엽의 부식을 빠르게 돕는 재료이다.

3월 초순 작업이 끝나고 물을 흠뻑 댔다. 볏짚과 낙엽, 미강은 비닐 집 기온을 높이고 지속적인 유기질 공급을 위한 작업이었다. 4 이랑을 만들어 이중 터널을 만들었다. 심은 뒤 고온으로 다행히 밤 기온이 13~14℃라서 이중 터널에 기온의 변화를 주시하였다. 그러나 모종을 심은 1주일 후 4월 3일 서울이

3~4℃ 기온이 되겠다는 일기예보에 따라 파주 지역은 영하로 가기 쉬웠다. 1.8m 강선을 90cm 간격으로 꼽았다. 그 위에 폭 240cm 0.05mm 비닐을 덮었다. 이중 터널이 된 것이다. 여기에 캐시밀론 보온재 한쪽은 비닐 핀으로 고정하여 씌웠다. 쌀쌀한 날 아침 농장에 나가보니 고였던 물이 얼었다. 보온재까지 못 했다면 오이 모종은 냉해를 입거나 생육에 지장이 컸을 것이다.

 낮이면 해가 있어서 비닐 집 안의 온도는 20℃가 넘는다. 밤기온을 유지하기 위해 오후 4시경이면 비닐 위에 캐시밀론 보온재를 덮고 아침 해가 나오면 보온재를 걷는다. 햇살이 좋으면 이중 터널 안은 온도가 30℃ 이상 되어 연약한 모종이 높은 온도에 데쳐지는 해를 입게 된다. 옆의 비닐을 열어서 비닐 집 안 온도를 조절하였다. 낮 기온이 오르지 않을 경우 출입문을 여는 것도 조심하여야 한다. 어린아이를 돌보는 정성이다.

 오이 덩굴이 40~50cm 자라면서 꽃이 피기 시작한다. 이중 비닐을 걷고 오이 망을 씌울 때이다. 먼저 보온재를 빼내고 이중터널 비닐을 걷는다. 보온재는 정리하여 보관해야 다음 해 사용할 것이다. 다음은 강선을 뽑아 보관한다. 오이 망을 설치하기 위해 독농가를 찾았다. 그곳은 벌써 오이 망 설치가 끝나고 넝쿨을 올리고 있었다.

 "줄을 매야 하는데 우리는 위 선을 강철사로 고정하죠. 아래는 비닐줄을 끼워도 상관없어요. 망 설치에서 위아래 선을 넣을 때 오이 망의 끝부분을 잘 살펴 넣어야 헝클어지지 않아요. 꼭 유의해야 합니다."

좋은 물건을 생산하는 일 못지않게 중요한 일이 판매이다. 그날로 농협 하나로에 둘러 가격표를 확인하니 한 접(100개)이면 35,000원 거래였다. 수수료가 있을 거니 25,000원이면 되겠다는 생각이었다. 농산물이나 공산품도 마찬가지지만 농산물은 그 가격의 형성 과정이 복잡하다. 공산품 가격의 변동이 크지 않지만, 농산물은 일기의 변화에 따라, 생산의 과다에 따라 가격의 변화가 크다. 지난겨울과 봄 기온이 온화하여 겨울 재배작물이 과잉 생산되었다. 이에 양파 생산량의 증가에 따라 가격이 폭락하였다. 기온이나 가뭄, 병충해의 과다에도 가격이 달라진다.

밤 기온은 10℃ 내외라서 비닐 집의 문을 저녁이 되면 닫아야 하고 아침 해가 나와야 문을 열어준다. 밤 기온이 높아지면서 수확량도 늘었다. 처음 수확 때 자란 오이는 15cm 이상을 따지만, 소비자는 작다고 할 것이다. 첫 수확 3일간은 이웃에 나누기다. 맛보기인 것이다.

4월 30일 첫 수확 50개를 필요로 한 분이 있어 '마수걸이'로 블로그에 그 기쁨을 표현한 적이 있다. 살고 있는 아파트 이웃들이 주문하여 하루 한 접 정도 공급하였다. 퇴임한 학교의 가까이 지내던 직원에게 오이 가격을 알리며 주문을 부탁하여 오이 상자를 학교에까지 실어다 주었다. 주문이 뜸해지면 공원의 아침 장터에서 아주머니들 채소 파는 곳 옆에 전을 벌였다. 1년 수익이 3백만 원 내외가 되었다.

나이는 못 속인다던가? 2020년까지 8년 오이 농사를 접었다. 쌓인 경험은 중한 건데 아깝다. 가꾸기만 한다면 버텨보는데 아쉬운 소리로 판매가 어렵다. 2018년 아내가 예약한 스페인 여행을 오이 농사로 파기한 아쉬움도 있다.

도전 8년 '오이 아저씨' 안녕.

## 7. 달래 종구 거두기 쓰잘머리 없는 일 아녀

'쓰잘데기'라는 남도 방언이 있는데 표준국어대사전을 뒤적여 쓰잘머리를 찾았다. 달래는 봄나물 중 으뜸이지만 냉이처럼 흔치 않다. 귀한 봄나물이죠. 내 농장에도 눈에 잘 띄지 않은 곳에 슬쩍 숨어 있던 녀석들이다. 그래도 재배로 끌어들인 데는 사연이 있다.

둘째 형이 생존 시 전남 일로에서 농사를 지었다. 농협을 퇴직하고 진도에서 유자 농사를 하다가 정리하고 일로에 있던 농토를 가꾸었다. 어느 해

"너 가꾸기 좋아하지? 일로 농장에 달래가 좀 있어서 가꿔 보았더니 엄청나게 퍼져. 너의 농장에서 재배하면 봄나물로 경

제성이 있을 듯싶은데 종구를 보낼 터이니 가꿔봐."

"아서요. 일로는 남쪽이고 저의 농장은 추운 파주예요. 봄나물은 남쪽 따뜻한 곳이 더 낫겠지요."

2015년 6월경 택배 한 상자가 도착했다. 당신 몸 가누기도 힘들 텐데 보냈으니 어떡합니까? 그리고 달래 가꾸기를 검색하여 봤다.

충청남도지역과 경기도 양평에서 지역특화 작물로 가꾸는 걸 확인했다. 마침 모임의 회원이 양평에서 대추 농사를 시작했다고 하여 방문 약속을 잡았다. 2017년 8월 하순 방문했는데 주변 농지에 달래 농사를 하는 집들이 많았다. 내가 쓰는 마늘재배 유공 비닐은 12구인데 그곳은 6구, 8구를 써서 한 구멍에 5~6알 종구를 넣어 싹이 터 자라고 있었다. 양평의 달래 출하는 가을부터이다. 서산, 태안의 달래 농사는 2~3월 출하를 하는 방법이었다.

형께서 보내온 종구는 마늘쪽 만큼에서 잔 구슬만큼 크기가 달랐다. 굵은 종구만 골라 마늘을 심으며 옆에 묻었다. 이듬해 종구가 큰 것은 씨가 많이 달리고 종구 옆에 대여섯 알이 자라서 번식하는 성질이 있었다. 비닐 집이 두 동이기에 오이를 거둔 동에 비닐을 펴고 종구를 넣었다. 이듬해 다른 비닐 집에서 오이를 기른다. 비닐 집 안에 이중 터널로 가꾸니 2월 하순 수확이 가능했다. 맛보라고 지인에게 보냈더니 매년 주문하고 있다.

블로그에 달래 종구 이야기를 올렸더니 종구를 구매하려는 연락이 있었다.

지난가을 넣은 달래의 봄 출하를 놓쳐 종구로 거뒀다. 아무튼, 뙤약볕에 달래 종구 거두느라 땀 좀 흘렸다. 옛날 이삭줍기가 있었다. 벼나 보리 수확 철이면 초등학교에서 농번기 방학이 있었다. 학교에서 과제로 이삭을 주워서 모아 판매한 돈으로 학교 도서를 준비했던 일이 있다. 생활의 변화로 이삭줍기는 없어졌다. 달래 종구를 거두기는 땅을 파서 나오는 하얀 알을 줍는 이삭줍기이다.

요즘 기계화되고 큰돈 안 되는 일은 않는 세상이다. 흐르는 땀을 주체하지 못하며 호미로 달래 주아를 거두는 일. 옆에서 보면 쓰잘머리 없는 일로 보일 거다. 그래도 저는 '아니지라.' 당당히 말할 거다. 달래의 사연을 가꿉니다.

종구 하얀 알에 형의 모습이 어른거린다.

오, 형님!

## 8. 조경수 가꾸기 30년

나무 키우기에 관심을 가지면서 그 흐름이 눈에 보입니다. 남쪽에선 50~60년대에는 조림의 일환으로 소나무나 삼나무, 편백 등의 생산이었던 듯싶습니다.

1970년대 나무 가꾸기는 단연 미루나무였습니다. 임업 육종

학자인 현신규 박사의 현사시나무 육종은 큰 화제를 모으기도 하였습니다. 이는 헐벗은 산이 많고 속성수라는 장점이 있었습니다. 거기에 펄프 생산과 가공용 나무젓가락과 성냥개비로 유용했습니다. 이런 종류는 수출했으니까 새마을 운동과 함께 보급이 빨랐습니다.

다음 시기로 유실수 가꾸기의 밤나무와 정원수의 향나무 묘목 생산이 유행이었습니다. 솜씨 있는 이는 큰돈도 쥘 수 있었습니다. 은행나무가 가로수로 등장하면서 은행잎 추출물이 수출되었습니다. 서울 구파발에서 임진각까지 '통일로'에 가로수를 납품한 이의 소회를 들은 일이 있었습니다.

"10년 가까이 돈을 마대로 받아두었으니 경기 좋았지요. 그걸로 땅을 사 두었더니 개발이 되면서 富(부)는 더욱 늘었고요."

느티나무와 단풍나무를 가꾸는 이도 늘었습니다. 80년대 대형 운동경기장이 조성되면서 조경의 전성기를 맞게 됩니다. 느티나무의 이용입니다. 가로수용으로 쓰이며 더 많은 수요로 묘목가격이 높아졌습니다. 낙우송이나 메타세쿼이아도 많이 보급되었습니다.

주목 나무 열매가 항암 작용을 한다는 소식에 주목 나무의 인기가 치솟았습니다. 한 퇴직 교장이 묘목에 관심이 있어서 퇴직금으로 밭을 임대하여 주목 나무를 삼천 주를 가꿨다가

항암 작용 발표가 있고 20배가량 뛰어서

"3년 사이에 교직 40년 퇴직금의 몇 배가 되었어."

하던 일이 생각납니다. 헛개나무와 가시오가피가 약용으로 인기를 끌고 있습니다. 4~5년 전에는 미측백(서양측백)이 부족하여 가격이 높더니 요즘은 가로수용 벚나무, 이팝나무가 부족하답니다. 시기를 잘 맞추면 육묘에 성공하는 것입니다.

1990년부터 느티나무를 심었으나 호된 고생을 하였습니다. 5~6년 키워 제법 보기가 좋았습니다. 그 무렵 일산의 호수공원 조성 공사장에서 느티나무가 20점 그루당 120만 원에 들어온다는 말을 듣고 꿈에 부풀었습니다. 가꾸고 있는 게 천 주이니…

그즈음 40여 주 가져가겠다는 사람이 있었습니다. 6점이 넘는데 3만 원씩 주겠다고 하였습니다. 고개를 저었습니다. 경영하는 사람들의 말을 들으니 2~3년 키우면 사이의 것은 묘목가격으로라도 빼내라더군요. 간벌을 하면서 아쉬움이 이만저만이 아니었습니다. 간격이 좁으면 수형이 나오지 않지요.

1993년 조경 기사 1급을 가진 조카에게 자문을 구하였더니,

"토종 수종이 앞으로 괜찮을 거예요."

하여 산사나무 300개를 가져왔습니다. 거의 살렸습니다. 어린나무를 가꾸는데 가시가 많아 손가락에 박힌 가시를 빼내지

못하여 지금까지 거뭇거뭇 자국이 있습니다.

2000년이 되어 80그루를 매각했습니다. 나무로서 처음 수입이었습니다. 느티나무는 너무 자라 옆 논에 그늘이 되었습니다.

"3시가 지나면 그늘이 지는데 논이 먼저요 나무가 먼저요?"

"죄송합니다."

말로만으로 때울 수 없습니다. 추석이면 10만 원 상당 상품권을 드렸습니다. 주위의 원성을 견딜 수 없어 느티나무를 기증하려 시청과 군부대에 연락했지만, 고개를 저었습니다. 인터넷에 나무 처분 광고를 냈더니 서울의 이름있는 조경 사업자가 왔습니다.

"고생하여 키웠지만 쓸 만한 게 없어요. 위를 과감히 잘라 다시 수형을 잡으세요. 나무가 아니었으면 땅을 일찍 처분했을 텐데 땅값이 올랐을 거니 그걸로 만족하십시오."

하고 일러 주었습니다. 조경 기술자를 써서 정리하였더니 달리 보였습니다.

나무숲이라 주변의 원망을 사지 않는 곳의 선택이 필요했습니다.

2001년 14년 가꾸던 운정의 터를 매각하고 율곡리의 산 아래 한적한 곳에 자리를 잡았습니다. 키우던 느티나무, 산사, 박태기나무들을 옮겨야 했습니다. 조경 일을 한 분께 자문을 구하였더니,

"400에서 500만 원이면 이전 작업이 됩니다."

모두 옮기고 나니 천만 원 가까이 되었습니다.

통일로에 은행나무 사이에 쥐똥나무 울타리를 하는 시기였습니다. 쥐똥나무씨를 발아시켜 4천 주가량 키웠습니다. 1m 크기에서 전지하여 6년이 걸렸는데 팔릴 기미가 없었습니다. 모두 파내어 필요한 사람들에게 나누었습니다. 파주 군내초교의 생울타리는 내가 기증한 것입니다. 때죽나무 묘를 심어 천여 그루 가꾸는 데 6점 이상이 됩니다. 토종 수종으로 문의가 많이 옵니다.

가시에 찔리며 가꾼 산사나무가 효자 노릇을 톡톡히 해냈습니다. 80여 주 매각이 나무 이전 비용을 보상했습니다. 사실 산사나무를 파가기로 약속한 전날 밤잠을 이루지 못했습니다. 20년 가까이 키운 자식들입니다.

더 좋은 곳에서 위용을 자랑하며 살기를 기원할 뿐입니다.

## 오천 년 역사와 함께한 짚풀 볏짚

시골에선 대사 잔치가 있으면 마당에 덕석(멍석)이 펼쳐졌다. 그 위에 차일이 쳐진다. 멀리 가까이 친척이나 가까이 지내던 이들이 축하나 슬픔을 같이 한 마당의 덕석이나 멍석이 볏짚으로 만들어진다.

그 위는 만남과 이별의 자리이다. 초례청을 만든 신랑 신부의 맞절, 영정을 모신 제상 앞에 상주와 문상객의 인사가 그 덕석 위에서 이뤄진다. 덕석은 낡아 너덜너덜할 때까지 그 위를 거쳐 간 이들을 기억한다. 할아버지, 아버지, 형제자매, 그 자식까지 북망산으로 보내고 신부를 맞는 신성한 마당이었다. 상주의 굴건과 제복의 허리띠가 새끼줄이다.

초상을 알리는 절차가 초가지붕 위에 망자의 옷을 펼치고 하늘의 혼령이 가심을 고하는 일이다. '천지신명이시여! ○○네 어느 분이 북망산을 바라고 그 혼령이 떠납니다. 굽어 살피시

사 인도하여 주십시오.' 그 지붕이 볏짚으로 엮어진 이엉에 용마루, 새끼줄로 얽어매진 곳이다. 늦가을이면 마을 사람들이 모여 묵은 지붕을 들어내고 새 이엉을 얹는 볏짚의 예술이다.

아이가 태어나면 집안 어른은 그 방 앞에 금줄을 친다. 볏짚으로 왼새끼를 꽈서 아들일 경우 솔잎과 고추, 여아일 경우 솔잎과 숯을 끼워 걸었다. 방문한 사람도 그 금줄을 보면 얼씬거리지 않고 신성한 곳으로 생각하였다. 외출에서 돌아온 가족도 갓 태어난 생명에 해가 갈까 두려워 조심하였다.

볏짚은 농가의 땔감으로 음식을 익히고 방구들을 따뜻하게 하였다. 겨울밤 그 사랑방에 모여 볏짚을 추려 물에 적셨다가 새끼를 꼬았다. 새끼줄은 용도에 따라 가는 줄, 중간 줄, 굵은 줄이 있었다. 가는 줄은 생활용품들을 만들 때와 가마니 짜기 용으로, 중간 줄이나 굵은 줄은 나뭇단을 매거나 지붕을 얽어 맬 때 사용한다. 창고에는 미리 준비한 새끼 타래가 항상 있었다. 새끼 꼬는 기계가 나오면서 빠른 시각에 많은 양의 새끼 타래를 만들어 거래되었다.

생활용품은 짚신에서 망태기, 고리짝, 짚그릇, 횃대 등이 있고 놀이기구로 그네, 공 등이 있다. 볏짚의 이삭 부분을 알맞게 잘라서 빗자루를 만들면 방비가 되었다. 마을에 그네를 맬 때 청년들이 짚단을 가져와 동아줄을 만들어서 마을 앞 소나무에 매달았다. 마을 어린이와 여자들에게 봉사하는 행사였다. 높은 나무에 매달고서 장년이 길들이기로 시연을 하여 합격해야 다음 날 단오나 추석에 개방되었다. 끊어지면 밤이 늦더라도 다시 손질해야 한다.

새끼줄은 그 활용이 끝나면 자연으로 돌아간다. 두엄에 넣어지면 퇴비가 되어서 흙으로 돌아간다. 볏짚 땔감은 재가 남아 텃밭에 뿌려져 채소를 가꾸는데 한몫한다. 거기서 자란 채소는 맛 좋은 반찬으로 식탁에 놓여진다.

볏짚은 집을 짓는 벽채의 흙에 섞여진다. 잘게 잘린 볏짚이 벽에 금이 나지 않게 끌어당겨 튼튼한 흙벽이 된다

볏짚의 또 다른 변신은 사료이다. 소를 기를 땐 여물을 썬다. 작두에 볏짚 먹이는 이와 작두질하는 이가 손발이 맞아야 한다. 여물은 바로 구이에 넣어주기도 하지만 가마솥에 넣어 소죽을 끓이기도 한다. 이때는 콩깍지나 콩 줌, 걸 보리를 넣어주면 소는 호사하는 것이다. 외양간에 들어가는 소의 깔 짚이 볏짚이다. 소의 배설물에 이겨진 짚은 퇴비간에 들어간다. 돼지우리의 깔 짚도 볏짚이다. 그 퇴비가 논밭에 들어가 풍년가를 부르게 하였다.

기온이 오르는 5월 초순 못자리에 볍씨가 뿌려진다. 농부는 아침저녁 어린아이 돌보듯 못자리를 지켜 모가 자라면 모를 찐다. 두세 줌 뽑아서 볏짚으로 묶는다. 이걸 모춤이라 하였다. 못줄을 띄울 때 나일론 줄이 보편화되기 전에는 새끼줄이었다.

요즘엔 이앙기로 모를 내기에 그런 번거로움이 없어졌다. 국어사전의 올림말에도 모춤과 모찌기는 없어졌다.

　모는 땅 힘을 받으면 심은 지 일주일도 안 되어 초록을 자랑한다. 뙤약볕과 비바람을 이겨내 벼는 8월 하순이면 배동을 한다. 이삭이 올라와서 10월이면 황금들판이다. 품앗이로 벼 베기를 하여 맷댕기를 튼다. 물론 볏짚이다. 남쪽과 중부의 볏단 크기가 다르다고 했는데 남부에서는 맷댕기라 하여 낱알을 털고 나서 이삭 쪽을 묶어 만들었다. 중부에서는 제 몫이라 하여 벼를 털기 전 상태의 볏짚을 이용하여 작은 단을 만든단다. 논에서 끌어내어 벼를 털었다. 그 도구가 지게이다. 지게는 나무틀이지만 끈과 등받이는 새끼줄과 짚을 이용한다.

　지금은 콤바인이 볏논에 들어가면 탈곡이 이루어지고 알곡은 포대에 넣어져 볏짚은 땅에 깔린다. 볏짚은 잘게 썰어서 뿌리기도 하고 짚을 이용하는 이를 위해 바닥에 깔기도 한다. 가을걷이하면 썰어서 뿌리는 것이 좋은데 가을갈이도 경비가 들기에 봄까지 놔둔다. 봄갈이에 걸리적거리기에 태우는 사람도 많다.

　볏짚의 효용도가 달라지며 볏짚의 길이가 짧아졌다. 벼의 쓰러짐 방지로 개량된 것이다. 얼마나 오랫동안 생활 속에 볏짚과 숨 쉬어 왔는데 그 고마움이 멀어지고 있다. 볏짚이 논에 들어가 썩게 되면 벼의 병충을 억제하는 성분이 있다 한다. 잡초의 발아를 억제하고 식물의 뿌리 내림을 돕는단다. 밭이나 산에 나무를 키우는 이들은 바닥에 볏짚을 깔아 잡초를 억제하고 썩으면 자연스레 유기물이 되어 친환경 농업으로 많이 이용된다.

 메주를 띄우거나 누룩을 만들 때도 볏짚이 이용된다. 짚에서 생성되는 유익한 효소들이 토종 미생물 발생을 돕기 때문이란다. 메주나 누룩의 발효식품들은 볏짚을 깔거나 매달면 실패가 없다. 볏짚은 역사의 뒤안길로 가을이면 사료용 둥치가 된다.

 우리의 역사와 함께해온 짚풀 문화가 문명의 이기에 밀려나는 게 안타깝다.

## 나의 그릇은

전에 근무하던 지역에 교직 사회의 3 악당이라 소문난 세 명이 있었지요. 악당이라면 심술 사납고 괴롭히며 가까이하기 어렵다 하여 그리 나온 이름입니다. 그중 두 분을 상사로 모셨지요. 1982년 3월 성남에서 파주로 옮겨진 때였답니다. 지금도 마찬가지입니다만 학년 초 기초학력 진단 검사를 하여 부진한 어린이 관리 계획을 맡았었지요. 교육청에 보고를 위해 공문을 작성하여 결재를 올렸습니다. 공문을 올리고 넘겨보니 급히 작성하느라 %를 잘못 산출한 것이 눈에 띄었습니다. '아차, 수학도 제대로 못 하는 교사로 생각하겠구나' 마음 졸이고 있었답니다. 교감 선생께서 고개를 들고

"이거 계산이 맞나요?"

"아, 예 잘못되었습니다."

"정정인 찍고 고치세요."

하더니 옆에 놓인 자를 들어 두 줄을 착착 긋더라고요. 그 시절은 타자기가 있었고 컴퓨터란 말도 없었죠. 모두 수기였답니다. '이런 망신. 으이고…' 오줌을 찔끔했답니다. 오기가 생겼습니다. 공문서 작성 후 결재 올릴 때는 다시 읽고 잘못된 곳 수정은 자를 대고 두 줄 긋는다. 결재과정에서 한두 번, 세 번째는 넘겨 갔어요. 네 번째는 읽지도 않고,

"틀림없겠죠?"

하고 결재를 하는 겁니다. 그다음엔 더 겁이 나더군요. 오줌을 저리게 한 분이 결재 후 잘못이 있을 때 잘 읽어보지 못했다. 한다면…. 몇 년이 흘러 사석에서,

"자네 그 학교 전근은 나 때문이었어. 새 학년 교사 전보에서 학교에 내 소문이 악당이라서 관내에서 전보 신청한 교사가 없데. 교육청 장학사가 관외에서 오는 교사 골라가라는 거야. 자네는 경력도 그 정도면 됐고 뭐 연구 경력도 좀 있지 그래서 선택되었던 거라네."

교육에 투철한 분이었어요. 한 번 믿으면 모두 OK. 그럭저럭 하는 교사는 참 힘든 분이죠.

또 한 명으로 소문난 관리자. 앞의 분이 추천한 거나 마찬가지여요. 그분과는 두 학교 근무를 함께 했는데 공직에서 드물게 보여 지인들은, 어떻게 그런 관리자와 오래 일을 했느냐지만 사생활에 구애받음 없고 가르치는 일에 있어서 새로운 시

도를 하면 실수가 있어도 격려해 주셨지요. 교사들에게 엄격하시면서도 문제가 생기면 소문 없이 감싸는데 감동하였답니다. 가는 곳마다 학부모들이 좋아하는데 선생님들은 머리를 흔드는 분이었어요. 표정만 봐도 '어떤 생각이겠구나.' 찔 정도는 되었죠. 이런 분들이면 오히려 일하기 편하고 교육 활동이 재미도 있었지요.

또 한 분은 같이 근무한 적은 없지만, 교육관은 투철한데 작은 일에 지적을 못 견뎌 하는 선생님이 있더군요.

"참 더러워서. 함께 술자리도 잘했어요. 내 보기엔 동료는 자신보다 엉터리 일 처리인데 잔소리 없는데 너무 편애하는 게 눈에 띄더군요."

더 좋아하는 분도 있었고요.

"빈틈없이 관리하니 윗선에서도 인정해 주는 게 아닐까요?"

한다. 세 분의 악당이란 별칭은 꼭 미움에서만 아니란 생각이 들었답니다. 직무에 충실하였다. 신뢰가 있으면 오히려 편했다. 소신껏 일할 수 있었다. 그러면 칭찬이 아닐까요? 사람의 그릇이 크고 작다 함은 사람마다 하나의 세상을 바라보는 관점이 판이한다는 것을 말해 줍니다. 사실 누가 그렇게 생각하라고 강요한 것이 아닙니다. 스스로 판단에 따라 스스로 세상을 깨달아 슬프거나, 두렵거나 자유롭게 살아가기도 합니다. 때로는 생사를 초월하여 정신이 이루는 꿈을 즐기기도 한다는 것입니다. 이것이 곧 그릇대로 받아 가는 것입니다.

어리석지 아니한 사람은 자기에게 걸맞은 그릇에 마음을 둔다고 합니다. 마음으로 정하는 일이기에 이를 지혜라고 할 수 있지 않을지. 걸맞지 않게 큰 그릇을 선택해 놓고 턱없이 모자라는 부족을 채우려 들면 허욕이 일어납니다. 허욕은 언제나 끝이 사납지요. 채우려 하여도 채워지지 않는 것이 허욕입니다. 최인호의 '상도'의 계영배 이야기가 생각납니다. 가득 채우려 하면 끝이 없지만 7부면 알맞다는 술잔의 이야기 말입니다.

그릇을 도량(道楊)이라더군요. '힘없는 자가 힘 있는 이에 양보는 굴종(屈從)이라 하지만 힘 있는 이가 약자에게 양보하면 이는 도량(道楊)이라 한다'라는 말이 있더군요. 어떤 이는 누구의 의견에도 포용하는가 하면 어떤 이는 큰 의견도 무질러 버리는 사람이 있지요. 사람이라는 그릇도 얼마나 이해하고 포용하느냐로 큰 그릇, 작은 그릇으로 발전하는가 하면 퇴보하는 게 보입니다.

칠순이 되어 나의 그릇은 어떠했나 되새겨 봅니다. 아직도 넓게 비워야 할 그릇입니다. 어떤 때는 너그럽다고 하지만 도리에 어긋남을 대하면 자신의 표정이 결코 웃음을 띠진 않으리라 생각입니다. 성인은 백번까지도 용서하라 했는데 '세 번까지는 이해하자.'로 생각합니다. 이것이 형제나 자식의 문제에서는 열 번 이상도 '그래 그럴 수 있겠지.'로 생각하지만.

## 정보의 바다에서 건질 참 정보

 한 지인이 "포도를 잡수실 때 칠레산은 믿고 씻을 필요도 없습니다. 안데스산 빙하를 끌어 포도 농사를 짓기에 병충이 없어서 말 그대로 안전 식품입니다." 그런가 보다 하고 수입산 포도를 먹을 때마다 한마디 곁들였다. '칠레산 포도 안전……' 한참 뒤 인터넷 글에서 칠레 교민이 올린 글을 읽게 되었다. 전문은 기억하지 못하지만 "한국인의 맹목적인 믿음 칠레산 포도"라는 글에서 "칠레에서 포도는 서너 차례 씻어 먹는데 어찌 된 일인지 한국에서는 칠레산 포도는 씻지 않는 포도라고 소문이 났데요. 엄청 농약 많이 해서 이곳에서는 먹어야 하나 말아야 하나 걱정합니다."

 진도에 대파와 월동배추를 도입한 장형께서 한번은,
 "진도 대파가 초기에는 농약 없이 잘 가꾸었다. 그런데 지금은 엄청 독한 농약을 한두 번으로 안 된다. 유자도 그래. 그 독한 향으로 어디 벌레가 오나? 아녀, 서너 차례 농약을 않으면 보기 좋은 과일 못 얻어."

대파는 진도가 겨울에도 싱싱하고 보관 기간이 오래라서 유명하다. 아는 상식으로 대파나 유자는 병이라면 몰라도 충은 흔치 않다. 센 놈들이 자기들도 살겠다는 자연의 현상이다. 대량 생산으로 인간의 욕망을 채우려다 보니 이런 결과가 나타났다. 전염병의 예방약인 백신을 개발하다가 내성이 생겨 변종이 생기는 것과 같다.

식물학을 읽다 보니 의문이 풀렸다. 아이슬란드를 바꾼 감자 농사, 미국의 대농 붕괴, 중국의 메뚜기 떼에까지 인간이 불러온 재앙이라는 거다. 농업에서 연작(한 1가지 작물만 계속 농사짓기)을 피하란다. 대량 생산을 하지 말란다. 인류의 욕심을 어찌 막을까? 현대사회는 대량 생산으로 승부를 건다. 열 마대에서 10만 원의 이익이 생긴다면 백 마대라면 백만 원이 얻어진다. 정보학을 배울 때 "정보가 넘쳐나는 세상입니다. 한 가지 정보만 가지고 주장하고 우기면 사기꾼이 됩니다. 같은 내용의 네댓 가지를 살펴서 적용하는 것이 현자입니다."

정보학을 공부한 사람이면 알고 있는 내용이지만 대부분 정보의 진위를 파악하는 데 인색하다. 도서관학을 전공했는데 가장 경계하는 말이 한 책에서 의견을 맹신하지 말라는 당부다. 믿을 수 있는 사람들은 자신이 가지고 있는 정보를 반드시 재삼, 재사 살펴보고 의견을 말한다. 요즘은 인터넷뿐 아니라 소셜미디어라는 SNS를 통한 소통이 넓어졌다. 엉터리 소식들이 넘쳐난다. 잘못된 정보를 퍼 나르면 의도적이든 장난이든 죄가 된다. 신중한 판단이 요구되는 세상이다.

## 트럭 부린 교장 선생 자전거로

"정 교장, 전에 마정학교 근무 때 자전거를 금촌에서 사 왔는데 문산에 있는 자전거 가게 알고 있소?"
"있죠. 왜요?"
"나 트럭 처분했어요. 문산까지 지하철 이용하고 자전거로 농장 다니려고요."
"와, 환영, 교장님 트럭이 늘 마음에 걸렸어요. 교장 출신이 트럭이라뇨. 자전거라면 차라리 낫죠."
 직장 때 후배로 퇴임한 이다. 내 생각과는 좀 다르다. 하긴 아내도 트럭 사려면 아파트 주차장에 세우지 말라는 상황이었으니.

 자신이 운전면허를 딴 것이 1997년이었다. 1994년 아내와 같이 면허시험 준비를 하여 필기는 바로 합격했는데 실기를 잡은 날마다 공교롭게 일이 생겼다. 직장에서 빠져나갈 형편이 안 되어 3년 뒤 실기에 합격 면허증을 받았다. 아내는 바로 면허증을 받아서 차는 아내 명의 승용차를 구해 출퇴근을 도왔다. 20년이 지난 2016년 두 번째 차가 성능이 떨어져 폐차를 결정했다.

 농장 출퇴근에 트럭의 효용이 높겠다는 생각이었다. 중고트럭이 있어서 포터를 구했다. 아내와 갈등이 있었지만, 운전자의 결정이니 세월이 흘렀다. 처음엔 농장에 도울 일이 있어도 혼자서 전철 타고 왔지만, 올해엔 예닐곱 번 나오며 트럭을 이용하였다. 사실 승용차와 달리 눈이 오는 날이나 비 온 날 농장 비탈진 곳은 오르지 못해 보험 견인을 이용하기도 했다.

 석회석 비료 신청이 12km 밖 장파리 마을에 30여 포 배정된 걸 실어 올 때 트럭이 아니면 어려웠다. 오이 재배에서 볏짚을 이용하다 보니 그 운반, 나무를 옮길 때, 퇴비를 별스럽게 만들다 보니 왕겨와 미강을 톤백으로 옮겨와야 했다. 발이 되고 짐꾼이 되었다. 왕복 900km 고향 진도에 조경수 12그루의 운반 또한, 잊을 수 없다. 난생처음 트럭 장거리 고속도로 운전이라 긴장을 많이 했다.

 자신의 일상은 블로그를 통해서 숨김이 없었다. 그러나 정말 숨기고 싶은 일을 저질렀는데 쓰지 못한 사건이 있다. 2018년 10월 24일 토요일이었다. 그해 동창이란 녀석에게 600여만 원 사기에 우울한 때였다. 가을 해는 짧다. 보통 농장에서 일하며 16시경 막걸리 한잔하고서 땀 흘려 일하면 18시 귀가 차를 몰아도 걱정 없었다. 그날 집에서 주문한 무 한 개와 배추 두어 포기 뽑아 트럭에 실었다. 그날따라 뭐 급한 일도 없는데 급히 몰았나 보다. 농장에서 15km 정도 달렸는데 일산에서 뒤에 순찰차의 경고음이 울렸다.

"잠시 검문하겠습니다. 운전석에서 내리죠."

경찰이 차를 안전 구역에 세우고

"위험 차량 신고가 있어서 음주 측정을 하겠습니다."

측정 후 0.19로 운전면허 정지 상태로 경찰서에서 조서를 작성 약소 기소에 부쳐졌다(그 후 측정치가 하향 강화되어 0.18부터 운전면허 취소가 되었다). 교사의 음주단속에 적발되면 강등되고 오랜 기간 불명예를 달고 다닌다. 준법을 외치던 교사가 범법자가 되었으니 그 수치심은…… 100일 운전면허 정지를 감경하기 위해 2회에 걸친 면허연수를 받고 벌금까지 물었다. 지금의 민식이법이 적용된다면 면허 취소에 벌금은 훨씬 높아졌겠다.

농사에는 차량이 필수이다. 농자재의 운반, 농산물의 운반에 옛날처럼 지게를 쓰던 세상이 아니다. 이번 트럭 처분에는 여러 복합 요인이 있었다. 트럭 부린 교장 선생이 자전거로 바뀐 날 2020년 5월 28일 새로운 역사이다.

## 시달림은 발전의 계기임을

명심보감에 '한 가지 일을 경험하지 않으면 한 가지 지혜가 자라지 않는다.' 하였다.

자신이 커가면서 '부모님의 생활이 넉넉하면 보릿고개를 겪지 않고, 학창에서 과외받으며 희망의 꽃길을 걷는' 상상을 하였다. 부모님께서는 무학으로 학교 문턱을 넘지 않았다. 독학으로 아버지는 서당 훈장을 거치셨다. 아버지는 열한 살 어머니(나에게 할머니)께서 5남매(3남 2녀) 중 막내였던 아버지를 두고 눈을 감지 못하고 가셨단다. 할머니는 어려운 생활에서도 송아지 한 마리를 팔아 글 읽기를 좋아하는 아버지에게 '고문진보(중국의 명문을 뽑아 만든 책)' 2권을 선물한 이듬해 일이란다. 어머니는 조도에서 9세에 외할머니를 여의고 사촌오빠 서당 일을 거들며 어렵게 자랐다.

장형은 보통공민학교 졸업으로 대한민국 서예대전 특선 4회로 심사위원에 올랐다. 둘째 형은 초등 4년 편입에 중학을 못 가고 중등강의록으로 중학 3학년 편입에 농고 3학년까지 학령 12년을 7년으로 마친 준재였다. 거기에 고3 때 치른 사법예시 합격이란 결과는 지방을 놀라게 하였다.

 저는 부모님의 근면과 정성, 형들의 노력, 자연에 순응하는 자세를 익혔다. 부모님은 어려운 생활에서도 집에 오는 손님과 마을의 이웃에게 나눔의 정성이 지극하셨다. 세월이 흘렀지만, 어머니가 나눈 마을의 어려운 산모에게 미역 한 꼭지, 고구마 한 바가지의 정신이 배어 있다. 장형은 넓은 농토를 경작하면서 상처(喪妻)의 아픔을 딛고 새벽 붓글씨에 전념하여 대가로 이름을 날렸다. 둘째 형은 "농고를 다니며 후배가 기미독립선언서를 세 번에 외웠다고 하여 나는 일곱 번 읽었더니 외워지더라." 한 적이 있다. 농협에 들어가 농협연수원 전남지부 부원장으로 마치고 우리말 바르게 쓰기 운동에 가시는 순간까지 노심초사하였다.

 나는 아버지께서 원하던 교직의 길을 3년 허비하며 들어갔다가 진도에서 외지인 경기도 파주에서 학교장으로 정년 퇴임하였다. '아버지의 생활보다는 낫게 살겠다'라는 생각으로 근교농업을 꿈꿔 온 것이 퇴직 후 농업경영인으로 생활한다. 여유로운 마음으로 농사지으며 틈나는 대로 떠오르는 생각을 글로 옮기니 이 또한 조상과 부모님의 은덕이다. 근면과 절약 정신은 부모님이나 형제들이 같다. 고향을 지키는 한 선배는
"자네, 큰형부터 형제들이 한결같이 흙을 사랑하네."

나에게 3남매가 있다. 첫째 여식이 과년하고 셋째 아들이 적령을 넘겼는데 이 둘은 결혼을 포기한 듯하다. 둘째인 장남은 서른여섯에 결혼하여 두 손자 손녀가 있어 집안에 재롱을 준다. 부모의 도움은 처음부터 생각지 않고 부부가 열심히 살아간다. 혼자인 두 녀석은 1년 두세 차례 해외여행을 다녀온다.
"우린 부모님처럼 억척으로 재산을 모아 살림을 늘리려 않아요. 걱정하지 마세요."
한다. 장남을 보면, 처와 자식의 책임감에서 더욱 열심히 살아가는 모습이 비교된다. 한세상 살다 가는 게 뭐 그리 억척으로 살아왔나? 갈등이 생길 때도 있다. 홀로인 둘과 가정을 가진 애가 30~40년 후 어떨까. 가정의 책임을 진 큰아들에게 마음이 더 가는 건 숨길 수 없다.

사람의 발전 면모를 보면 타고난 천재성으로 빛을 내기도 하지만 대부분은 성실과 노력의 결실로 돋보인다. 부모의 욕심에서 자식의 이름을 '천재' '하늘'로 하였다 하여 그 아이가 그리되는 것은 아니다. 노력 없이 신께 '전지전능하신 OO 님' 빌

면 다 이루어진다면 누가 못 하겠는가? 조상님과 부모님의 생전 올곧은 삶에서 사후 조상께 정성을 다하여 그 교감은 믿기에 제사를 모시고 성묘를 한다. 자식을 낳고 기른 부모를 내동댕이치면서 종교를 가져 믿음이 크니 잘 된다고 믿는 이들 잘 되는 걸 못 봤다.

 정작 '하늘은 스스로 돕는 자를 돕는다.' 하였다. 이 한 문장으로 대표되는 '자조론(自助論)'의 저자 새뮤얼 스마일스(Samuel Smiles · 1812~1904)에 따르면 '자조정신'이란 스스로 자신의 운명을 여는 것, 즉 자신을 실현하는 것이다. 한 사람 한 사람이 자기를 계발하기 위한 진정한 뿌리이고, 그것이 많은 사람의 삶을 통해 드러날 때 한 국가의 국력이 된다. 남의 도움은 사람을 나약하게 만들지만 스스로 돕는 것은 언제나 강력한 힘이 된다고 하겠다.

 살아가는 동안 남다른 열정, 그리고 도전 없이 세상을 살았노라. 대답할 수 있으랴.

## 삶에 추임새는 계기

추임새는 창(唱)의 사이사이에 고수(鼓手)가 흥을 돋우기 위해 넣는 소리로 '얼씨구' '좋고' '어이' 등이 있다. 사실 고수뿐 아니라 청중과 그 자리를 함께하는 모두가 어울리는 내용이다. 이는 혼자가 아닌 함께 사는 모습이 생생하게 드러난 어휘이다. 소리를 풀어가는 소리꾼에게 신바람을 불어 넣고 청중에게 동참의 기회로 조상의 어울림 방법을 엿보게 된다. 거기에 중심이 되는 이에겐 가진 역량 이상의 능력을 발휘하게 하는 촉진제가 된다.

행동의 주체 창(唱) 자에게 활력의 촉진제가 된다는 것은 삶에 있어 어울림의 대표적인 행위다. 풍습과 생활방식이 특이하였던 조상들이 펼친 일들은 삶에 행동의 주체가 안 되는 일이 하나도 없다. 함께하는 독특한 방법에 고개가 끄덕여진다. 사회의 움직임은 개인 모두가 행동을 나타내는 개인이기 때문이다. 그 추임새는 신바람으로 예상 밖의 활력소가 되었다.

 그러나 가끔 전하는 이야기에 따르면 왕성한 활동을 하여 사회의 원동력이 되어야 할 40대가 자신의 활로를 열지 못하고 그 나이에도 부모에 의지한다는 안타까운 소식이다. 30대에서부터 3포 세대 또는 5포 세대라고 불리는 이들이 있단다. 연애. 결혼. 출산을 포기한다는 3포 세대…… 내 집 마련과 인간관계까지…… 꿈과 희망까지 포기한다는 7포 세대 얘기도 있더군요.

 포기한다는 것은 자신을 더 좁은 구멍으로 들어가는 일이다. 말벗을 만들고 아웅다웅하며 서로 아끼며 격려할 때 더 큰 세상은 열리게 된다. 누군가 의지할 사람, 부축해야 할 사람이 있을 때 의욕이 생기고 열정을 발휘할 수 있다. 포기는 스스로 추임새에서 멀어지는 외톨이로 숨어들게 한다.

 그들은 젊음의 활력으로 개인의 역량을 발휘할 기회를 놓치고 있다는 국가적인 인력의 손실이다. 거기엔 우리의 교육 방법을 서양의 과학이라는 허울에 물들게 원인이 아닐까? 라는 의구심이 든다. 동양의 정적인 교육은 자연을 중심으로 자신과 주변을 어울리게 하였다. 세상에 거저 얻어지는 것은 하나도 없다. 자신이 살아가는 먹는 것, 쓰는 것, 사는 것은 나이가 들어도 부모에 의지해야 한다는 원칙은 어디에도 없다. 자연에서는 나이가 들면 독립을 하고 부모를 공양해야 하는 도리 의식을 키우지 못했다.

이들에겐 삶의 큰 요인인 의지가 부족한 생활인으로 뒤떨어진 상태이다. 삶의 의지가 없이는 어려운 세상을 헤쳐나갈 신념을 상실한 것이다. 힘든 과정을 체험하지 못하게 한 부모의 과오가 크다. 자신의 자식만 제일이라 부추겨온 자식에 대한 무한 사랑이 후회의 씨앗이 되었다. 위기도 어려움도 겪지 않고 행복을 누릴 수 있을까.

어울린다는 '북돋우다'란 비슷한 어휘가 있지만, 추임새는 서민적인 멋이 들어 있다. 우리 홍의 원천인 '신바람'과 무관하지 않다. 계기는 남이 가져다주는 것이 아닌 자신이 배려와 소통의 계기로 찾아내야 한다. 7포 세대에게도 삶의 추임새를 익혀 삶의 활력을 누렸으면 한다.

## 감성의 교육 정서를 익혀야 삶에서 행복을 누린다

19대 대통령 선거를 앞두고 그 열기가 달아오르고 있다.

역대 대통령에 당선된 분들을 보면 다수의 인물이 서울에서 태어나고 자란 이들보다 농촌이나 섬, 중소도시에서 자란 인물들이 많다. 대학교육을 받은 이보다 중고등을 나온 김대중, 노무현 대통령이 더 돋보인다. 못난 정치인들이 아직도 이러쿵저러쿵하지만, 거기에 따라가지 못한 자신들의 부족함을 감추기 위한 발버둥이라 생각한다.

공자님이 예악(禮樂)을 중시했다는 이야기가 있다. 예는 경직된 행동이지만 악은 부드러운 행동 양식이다. 바로 감성의 교육이며 정서의 지적이다. 공자님이 자사의 통치에 맞지 않은 작은 고을에 예악의 행정이 못마땅하여 불만을 말하였다가

"사랑하는 마음을 갖게 하자면 그 방법이 으뜸이었습니다."

하여 공자는 농담이었다고 사과하였다는 이야기가 있다.

그렇다면 오늘날 대학에 보내기 위해서 고등학교에서 예능 과목을 축소하는 것은 주요과목에 치우쳐 전인으로 성장하는 데, 지장이 많다. 예능은 사람다운 사람으로 살아가는데, 필수이다. 초등학교에서 교육과정 시수를 줄인다는 명목으로 가정과 실업을 없애고, 예체능 축소는 경쟁력만 높였다. 폭넓은 사람으로 어울려 사는 무리에서 중심이 되는 사람이 될 수 있는 기초를 만든다.

세종대왕께서 성군이 되는 자질은 왕자 시절 갖춰졌다는 이야기가 있다. 도(세종의 본명)는 셋째 아들이기에 세자 책봉에 제외되어 왕도의 학문이 아닌 잡학에 해당하는 기술이나 음악 등에 관심을 두고 자랐기에 임금이 되어서 엄청난 업적의 한글 창제, 과학기술과 아악, 농업 등 발전에 박학다식을 보였다는 것이다.

학교 교육에서 지식의 습득이 중요하지만 학교장의 의지에 따라 화단을 조성하고 학교 숲을 만들어 다양한 수목에서 슬기를 넓혀가는 방법을 쓴다. 야생화를 통하여 정서 함양에 힘쓴다. 합창부나 기악부를 둔다. 학교의 행사 알림 포스터나 표어를 교내 공모로 뽑아서 현수막을 만들어 행사가 끝나면 재능을 키워 성공을 당긴다.

농촌이나 어촌에서 자람은 자연과 가까이 자랐음을 가늠하게 한다. 자연과 가까움은 따스한 마음을 나타낸다. 그 마음이 주변을 어루만져 감동을 주므로 대중에게 호감을 준다. 자연에서 배운 습성이 기쁨도 슬픔도 곱게 삭혀준다.

요즘은 학문에서 성공한 이의 소득보다 예체능에서 성공한 이가 풍요로운 삶을 지낸다. 트로트 열풍은 정규과목에서 키워진 것이 아니다.

## 스승의 안목

초등의 1학년 때 학예회 극 차림에
담임은 거북이에 굼뜨기 지명했어
능청한 역할에 관객 웃음을 주던 발표

어머니의 홍길동 이야기 '지붕도 넘었데'
자라는 수수 보고 연습한 뛰어넘기
군 단위 육상 겨루기 높이뛰기 선수였지

주변이 살피셔서 익혀진 걸음마가
섬 소년 호기심 커 선생이 되었다네
겪은 일 되살리기로 제자들 쑥쑥자랐어

# 3

## 하늘이여 땅이여

## 공감과 소통을 생각하며

'사랑으로'라는 노래 가사를 새겨봅니다.

> 내가 살아가는 동안에 / 할 일이 또 하나 있지 바람 부는 벌판에 서 있어도 / 나는 외롭지 않아 그러나 솔잎 하나 떨어지면 / 눈물 따라 흐르고 우리 타는 가슴 가슴마다 / 햇살은 다시 떠오르네 아아 영원히 변치 않을 / 우리들의 사랑으로 어두운 곳에 손을 내밀어 밝혀 주리라

누구에게나 거부감 없는 노래이기에 선 듯 앞세웠습니다. 생활인에게 공감과 소통 이전 믿음이 있잖을까요? 믿음이 있으면 공감과 소통은 쉬워집니다. 그리고 그다음 사랑이라 해도 되겠네요.

경험해 본 사람들은 믿음이 대단한 일이 아닌데 어려운 거로 생각합니다. 믿음은 서로 마음이 열려있어야 가능합니다. 의심

이 끼이게 되면 끈끈한 믿음이 있을 수 없습니다. 아주 사소한 자신의 불만도 귀 기울이고 이해하며, 다른 이에게 퍼뜨려 자신을 곤란하지 않게 하지 않으면 공감대가 생깁니다. 거기에 귀 기울인다는 경청이란 요소가 더 있네요.

비대면의 시국에 소통의 방법으로 전화나 SNS 사용이 있습니다. 저는 트위터나 인스타그램을 별로 안 쓰고 카톡과 블로그 문자, 공감, 댓글 등으로 소통합니다. 블로그 시작 19년이지만 전에는 찾아본 이웃들이 많지 않았습니다. 그때 올림 글들은 정성껏 썼지만 찾는 사람들이 적었으니 글이 사장 되었지요. 다행히 네이버 블로그에서는 지난 오늘의 글 재등록이 있습니다. 근래에 저의 블로그 찾는 이들이 예전 글 뒤적여 보기란 쉽지 않지요.

재등록 글은 그날 9편의 글이 올려있어도. 그중 이웃에게 도움이 될 한두 편을 골라 등록했습니다. 그런데 어떤 이웃은 10편의 글이 있었다고 모두 재등록했더군요. 카톡에 영상이나 글도 그렇습니다. 어떤 이는 하루에 5~6편을 저의 취향과 상관없이 도배할 땐 보낸 친구를 다시 생각해 보게 됩니다. 블로그 첫 화면에는 이웃들의 글 목록이 올라옵니다. 제 방에 들어오는 이들은 저도 방문하기 위해 살피는데 부동산이나 자동차 중계사의 경우 하루 10여 편을 올리는데 이웃에서 과감히 삭제합니다.

이웃 설정 승낙 이야기를 몇 번 올렸는데 아직도 공감 한번 없이 이웃 승낙해 달라는 얌체가 있습니다. 블로그만 설정하고 어떤 취향을 가졌는지 한편 올림도 없이 이웃 요청도 승낙할 수 없습니다. 며칠 두고 보니 자주 들어와 공감이 보이면 허락합니다. 이웃도 서로 이해가 되어야 소통하지요. 엊그제 '목표가 있는…….' 글을 블로그에 올리고 5시간 뒤 지수가 얼마나 되나 검색해보니 890만 유사 글 중 15번째 나오더군요. 지수라고 하는데 이 정도면 제 글이 신뢰가 갔다는 의미입니다.

카톡에 교류하는 이가 30여 명 됩니다. 1주일 5회 이상 교류는 10여 명입니다. 멋진 내용이 많이 옵니다. 그중에서 상대의 취향을 생각하여 선별하여 보냅니다. 도움이 되는 영상이나 글을 보내주어 고맙다는 카톡 친구들이 많습니다. 생활인으로 한 말 되풀이하지 않으려 조심했던 습관이 보낸 내용 중복으로 보내지 않고 보낸 내용 되돌려 보내지 않은 덕택입니다. 세월이 지나며 옛 친구에게 10여 차례 보내도 답이 없으면 보내지 않습니다. 카톡의 대상 목록도 교류가 없으면 삭제로 정리합니다.

세상을 즐기며 살기 위한 공감과 소통의 도구를 닦고 정성을 들일 필요는 분명합니다. 신뢰와 아낌의 다리이니까요.

## 신뢰는 힘이 세다
_시대는 혼밥, 혼술을 다반사로 만들어요

우리 집의 불편한 진실 한 가지입니다. 그러나 어쩝니까? 시대가 그런걸. 4형제의 막내인 저의 아버지는 한학자였기에 전통에 따라야 했습니다. 전날 밤 어떤 일이 있었어도 아침 식사 자리는 함께였습니다. 그걸 깨뜨린 게 막내가 중학 들어가고 평일은 학교 가는 길이 20리 길이라 6시면 밥을 차려주었습니다.

저에게도 가족이 생겨 가정을 꾸리게 되었습니다. 직장에 다닐 때도 퇴직 후 농장에 다니다 보니 아침 식사는 늦어도 7시면 밥상 앞에 앉습니다. 가족이 함께 밥상머리에 앉는 걸 주장했다가 저항에 부딪혀 혼자서 대부분입니다. 아내도

"그리 일찍 밥이 넘어가지 않아요."

하는데 어쩝니까. 점심이야 한자리하기 힘들지요. 저녁 또한 마찬가지입니다. 공휴일이라도 함께하려고

"엄마, 상 차리고 정리하려면 힘들지 않니?"

해보았지만, 아이들 10시도 좋고 거르기도 합니다.

"애들 직장(학교)생활 하느라 휴일에나 푹 자게 둡시다."

이길 수 없었습니다. 아침도 혼밥이었습니다. 저녁이면 혼밥에 한 잔 술이 혼 술입니다.

가정의 풍속도가 날이 갈수록 달라지고 있습니다. 대가족이 보편화였던 1970년대에서 산업화와 가족계획을 거치며 핵가족화 시대가 되었습니다. 비혼(非婚) 선호가 커지며 단독가구가 늘게 되었습니다. 2021년 통계에 따르면 우리나라 1인 가구 비율 33.4%로 1인 가구 수 716만 5,788가구에 이른답니다.

혼자 사는 가구가 늘다 보니 20여 년 전에는 들지 못하던 혼밥, 혼술이란 말이 생기게 되었습니다. 혼자서 밥을, 술을 드는 일을 말합니다. 농경사회에서는 상상하기 어려운 사회상이었습니다. 함께, 더불어, 협동이란 사회문화가 급변하였습니다. 분업화란 말이 오래된 말이 아닙니다.

혼밥, 혼술을 급속히 바꾼 데에는 2020년에서 3년 가까이 코로나19라는 펜데믹이 있었습니다. 코로나의 확산방지를 위해 비대면의 시절을 겪었습니다. 재택(在宅)근무가 늘었습니다. 이동의 방법이 달라졌습니다. 승용차를 운전하며 차를 멈춰 창문을 내리고 지나는 이에게 길을 묻는 사람은 구시대의 인물입니다. 내비게이션은 목적지를 입력시키면 잘 찾아갑니다. 대중교통 이용에서도 주변 사람과 대화가 필요 없는 시대입니다.

노선 차량이 오는 시각까지 전광판에 나타납니다.

"00 가는 차가 언제 옵니까?"

"00 가는 차가 이 정류장 지나나요?"

묻다가는 문맹자 취급을 받습니다.

인터넷을 손에 들고 다니는 시대이니 의문 나는 걸 찾으면 해결됩니다. 생활의 풍속도가 달라졌기에 혼밥과 혼 술이 늘어갈 수밖에 없습니다. 식생활이 바뀌어 2021년 우리나라 1인당 연간 쌀 소비량은 56.9kg으로 전년 대비 1.4% 감소했답니다. 30년 전인 1991년 1인당 연간 쌀 소비량 116.3kg 대비 절반 수준으로 감소한 것입니다.

'밥상머리 교육'은 구시대 유물이 되었습니다. 그러고 보니 자식들이 부모가 제 의견에 반하면 손바닥 뒤집기처럼 됩니다. 삼촌과 사촌이 도움이 되지 않으면 이웃보다 못하게 생각합니다. 전통의 훈훈함이던 정(情)을 찾기가 어렵습니다. 밥상머리 함께하는 건 상대에 대한 예의와 배려가 동행하는 아름다움이라는 걸 새기면 안 될까요?

## 동양사상의 끈을 한국에서 꽃피는

　오늘날은 선(線)과 연결된 문화에서 무선(無線)으로 옮겨진 세상이다. 군부대가 많은 중북부 지역 산을 오르자면 수거하지 못한 통신선에 걸려 넘어지는 경우가 많다. 전신이나 전화가 선으로 연결된 일이라면 무선으로 손전화기와 라디오와 텔레비전, 인터넷이 있다. 그런데 조상들의 생활에서 기막힌 연결점을 찾는다.
　조상들의 생활상을 자세히 살펴보면 동양 사상에는 맺어진 정(情)이라는 무선으로 소통이 되어 왔다. 상상만으로 가슴이 따스해지는 경험을 한다. 가족, 형제자매, 이웃사촌, 친구 등. 정이 잘못되면 사회의 부정을 가져오기도 하지만 우리네 정은 순기능으로 작용해 왔다. 한 조상과의 혼백과 소통은 효라는 얽혀진 행위로 이어진다. 성묘라는 산소를 찾는 행동 또한 마찬가지다. 조상의 혼령이 살아있는 후손들에게 복을 주고 위급을 벗어나게 돕는다는 인식이다. 간발의 차이로 위기에서 벗어나면 조상의 음덕으로 생각한다.

　서양에서도 이런 끈은 있다. 기독교에서 성령이나 기도로 소원이 이루어진다. 등. 그러나 우리의 끈과는 다르다. 한국인에게 형성된 '정'이라는 끈이 종교인을 모이게 하였다고 본다. 세계에 한국만큼 종교적 갈등이 없는 나라가 없다고 한다. 여기엔 우리 민족에 흐르는 모두를 포용하고 인정하는 데 있다. 자연과 하나 되는 인식이 면면히 흐른다. 바로 단군 사상 '홍익인간' 아닌가?

　세계역사를 살피다 보면 수많은 전쟁이 있다. 서양에서 일어난 전쟁 대부분은 전쟁의 불씨는 종교에 있다. 국가는 힘의 바탕이 종교로부터였다. 극소수 국경분쟁이 있었지만. 동양에서는 종교 간 갈등보다 영토확장의 전쟁이다. 지금도 서양이나 미대륙에서는 종교 갈등으로 대립이 크다. 그 대립의 종교가 한국에 와서는 대립이 아닌 협력의 자세이기에 갈등이 크지 않다.

　선한 생활이나 남을 돕는 행동은 하늘이 알아준다는 인식이다. 무학이라도 살아온 습관은 몸에 스며든다. 어린 날 춘궁기가 떠오른다. 마을 사람들은 대부분 쑥이나 칡에 생명을 부지하고 있는 때였다. 우리 집은 다행히 겨울 갈무리를 잘한 고구마가 식량이었다. 학교 가는 나에게 고구마 도시락이었다. 어머니는 틈나면 치마폭에 바가지를 감추어 나가셨다. 고구마 광에 들어갔다 나왔다.

"우리에겐 고구마 조금씩만 먹으라 하면서……."

"얘야, 00네 며칠 굶었대. 우린 한 끼라도 먹지 않누? 너희 모두 잘되라고 하는 일이란다. 하늘이 돕는단다."

4형제는 남이 부러워할 만큼 사회생활을 하였다. 어머니의 나눔 정신이 하늘에 통했나 보다. 큰형수는 6남매로 어머니보다 2 남매를 더 두었다. 시어머니를 존경하여 그 생각을 고스란히 물려받았다. 그런데 나의 4형제에서 한 분은 가족에게 걱정을 많이 만들었다. 장형의 조카들 여섯은 알토란으로 성장하여 모두가 자랑스러운 조카들이다. 어머니와 큰형수 두 분 모두 배움이 크지 않는데도 여느 종교인이나 배운 사람보다 어머니 정의 끈이 모자란다고 생각지 않는다.

우리나라에서 만든 손전화기가 세계시장에서 1, 2위를 다툰다. 여기엔 정이라는 한국인의 정신인 끈이 녹아나서 아닐까?

## 고집과 아집

 농장에서 점심밥을 얹을 요량에 아침 오는 길에 주어온 밤톨을 깎았다. 밤 껍질은 딱딱하다. 겉껍질을 까고 나면 속껍질이 나온다. 늘 써오던 그 낱말이 생각나지 않는다. '고늬', '오늬', 확인은 국어사전이다. 그러나 그 항목에는 없는 낱말이다. 틀릴 때 틀리더라도 옛날의 고집은 살아있다. 다시 '밤' 항목을 살피다가 번득 떠오른 생각이 '보늬'? 생각나서 다시 펼치니 맞다. '밤이나 도토리 따위의 속껍질'이다. 아직 머리가 녹슬지 않았구나. 라는 자위의 미소를 짓는다. 직장 생활 퇴임 전까지는 우리 말과 글에 의존하여 직장 생활을 하였다. 가르침이라는 일이었으니 한마디의 어휘와 말투가 나의 자리매김을 가늠하며 생활하였다. 융통성이 부족함이었을까? 아닐 거다. 글을 쓰고 훈화를 통하여 어린이들에게 감화와 습관을 주어야 한다는 강박감에 따른 교육자의 길이었을 것이다.

나의 어떤 제안에 집사람은 즉각 "제발, 가르치려 하지 말아요." 하는 말에 내 말 습관이 껄끄러웠나 보다. 하긴 40년 이상을 지켜온 직장이었으니 무의식에서도 배어나는 걸 탓할 일은 아니겠지. 그 습관이 자신의 글에서는 블로그에 올린 글에서 오자와 맞춤법, 띄어쓰기까지 다시 읽어보는 습관이 있다. 잘못된 낱자에서 얼굴이 화끈거려 바로 수정에 들어간다. 집의 컴퓨터 옆과 쉼터의 탁자 노트북 옆에 항상 국어사전과 띄어쓰기, 맞춤법 사전이 글쓰기와 함께 한다.

퇴임 6년이 넘었는데 사람들과 자주 만나는 자리가 아닌 식물과 동물을 상대하다 보니 어휘가 줄어듦을 실감한다. 어느 자리에서 대화하다가 보면 크게 느낀다. 글을 쓰다가도 적당한 낱말이 떠오르지 않아 자식들과 아내의 지원을 받는다. 전의 직장 동료라도 한두 번이지 자주 부탁하기는 어렵다.

작년 봄 산불을 내고 비닐 집까지 태워서 일꾼을 불러 정신이 없는데 전화벨이 몇 번 울렸다. 시간 여유가 없었지만, 전화를 걸어 "전화하셨어요?" "너는 뭐 하며 전화도 빨리 못 받니? 거, 일본 동조 제독의 내용을 찾아서 보내줘." "집에 가서 찾아 연락드릴게요." 그러나 농장 쉼터에 인터넷을 연결하지 않았으니 손전화기 사용료의 데이터 요금이 초과된다. 형의 당연한 지시이다. 그렇게 항상 해 왔으니. 나이 들어가며 당신의 생각과 의지를 자부심으로 산다. 객관적인 주장이 아닌 당신과 의견이 다르면 '전화 끊자.' 할 때는 '당신이 직장 생활을 할 때도 아래 직원들이 한마디에 척척 이뤄지지는 않았을 텐데……'

그 습성을 지금도 모든 일에 적용하려 하지 않나 생각하니 나와 갈등이 생기게 된다. 세월이 얼마나 바뀌었는데…… 하늘처럼 우러러보던 형이었는데 이리 반기를 들어도 되나 생각되기도 한다. 젊은 날엔 우리에게 '젊은 사람은 도전 정신이 있어야 해.' 하던 형인데 환경의 변화와 시련을 겪고서 당신의 현실에 적응하는 도전은 제쳐 놓고 집착하는 일에만 오로지 하는 모습이 안타깝다. 스마트폰이 보편화 된 현실에 세상은 하루가 다르게 변화하는데 생각이 향수에 머물러 있다. 현실에 대한 불만과 배척하는 태도에서 갈등의 골이 커지지 않나? 생각이다. 나이 들어갈수록 겸손과 양보에 이해하는 마음이어야 하는데…….

형은 바둑을 두면서 밤을 꼬박 새운 때도 있었다고 말하는데서 형의 승부욕을 엿볼 수 있다. '제발 이제는 지면서도 허허하면서 살아보셔요.' 그런다고 누구도 형을 얕보지 않을 건데…. 젊은 시절 나이 든 이들에게 불만이 '왜, 저렇게 사실이 아닌 걸 알 텐데 자신의 의견을 옳다고 우기지?'라는 의문이 있었다. 고집은 '그렇게 생각할 수도 있겠군요.'라고 위기를 피할 때도 있었지만 계속 그 문제로 물고 늘어지면 '저건 아집인데'라고 다음부터는 그이와의 논쟁을 피하게 된다.

그러면서 자신은 직장에서 중간관리와 관리자로 있으면서 가정에 나가는 통지표와 공문 결재에서 밤을 새우며 낱자 하나까지 지적하여 직원의 마음을 불편하게 하였다. 항의를 받으면 맞춤법 띄어쓰기 사전과 국어사전으로 우겼다. 고집(固執)은 자기의 생각이나 의견을 내세워 굽히지 않거나 그러한 성질. 아집(我執)은 자기`중심의 좁은 생각이나 소견. 또는 그것에 사로잡힌 고집이란다. 어쩜 나의 사전에 의존과 맞춤법도 정확하다는 확신을 갖지 못하는 태도야말로 아집인 듯싶다. 우리말 사전 10여 가지가 있어서 그 국어사전도 오류가 있는데…….

# 2022 노년의 '시대 따라잡기' 안간힘으로

　통계청이 지난 9월 29일 발표한 '2022년 고령자 통계'를 보면, 2022년 7월 1일 기준 국내 65세 이상 고령 인구는 901만 8천 명으로 지난해에 견줘 5.2%(44만 7천 명) 늘었다. 고령 인구가 900만 명을 돌파한 것은 처음이다. 전체 인구(5163만 명)에서 고령 인구가 차지하는 비중도 17.5%로 증가했다.

　통계청은 오는 2025년 한국의 고령 인구 비중이 20.6%로 올라가며 초고령사회로 진입할 것으로 내다봤다. 한국이 고령사회에서 초고령사회로 넘어가는 데 걸리는 시간은 7년으로, 일본(10년)·미국(15년)·영국(50년) 등보다 훨씬 짧다. 가구주 연령이 65살 이상인 고령자 가구도 올해 전체 가구의 24.1%에 머물렀으나, 2050년에는 전체의 절반인 49.8%로 늘어날 것으로

　[출처] [채우고 비우고] 늙어감을 어쩔 것인가|작성자 채비

손전화기에서 유튜브나 카카오톡, 블로그 열기에는 데이터라는 게 쓰인다. 나의 주 생활공간인 밭에는 인터넷 선이 없다. 와이파이(Yi-Fi)가 안 되기 때문에 데이터가 부족하여 신경이 쓰인다. 몇 년간 데이터가 부족하여 작동이 느려져 딸아이가 매달 데이터를 선물하였지만 부족이다. 할당 데이터가 끝나면 농장에서 블로그 작성은 포기한다. 기차에서나 집에서는 와이파이가 생성되니 데이터와는 관계가 없다. 그렇다고 농장에 인터넷을 끌어오려면 매달 4만 원가량 사용료를 지급해야 한다. 딸아이가,

"아버지, 손전화기 요금제를 바꾸면 데이터를 넉넉하게 쓸 수 있어요. 한 달 1만 원 정도 높은 거로요."

"그리 해보자."

내 손전화기를 들여다보던 딸아이는

"에이그, 이 앱 사용료가 한 달 11,000원이네요. 사용하세요? 1년이나 설치되었는데."

"어떻게 그 앱을 눌렀지? 새는 돈이 있는 것도 몰랐으니……."

지난달 바뀐 요금제는 전과 같은 전화사용요금보다 적게 내고 데이터는 충분하다. 매월 15일 정도면 '텔레콤' 문자에 '데이터가 모두 소진되었습니다.' 연락이 왔다. 이번 달에는 농장 작업을 하면서 손전화기 라디오 앱에서 라디오 듣기를 자주

했다. T월드에서 데이터 소진량을 검색하니 15% 정도 사용한 것으로 나왔다. 딸아이는,

"농장에서 노트북으로 인터넷 못하지요? 한 달 데이터 다 못 쓰니 손전화기 조작으로 노트북으로 인터넷 하는 방법을 알려 드릴게요. 노트북 가져오세요."

하여 손전화기 조작으로 노트북을 농장에서 인터넷 사용을 하게 되었다. 인터넷 상품 구매를 한참 동안 쓰지 않아 발을 동동거리다가 자식들 손을 빌렸다. 다시 익혀 인터넷뱅킹으로 필요한 상품을 구매한다. 시대를 따라잡기 위해 상당한 익힘이 필요하다. 거래가 잦은 물품구매는 손전화기의 밴드를 이용한다. 애용하는 해산물이나 농산물 거래밴드이다. 어느 땐 싱싱하지 않은 물건의 도착으로 아내의 지청구를 듣기도 하지만 의외로 싱싱하고 가성비 높은 물건이 오기도 한다.

아내가 손전화기에서 내 블로그 읽기를 4~5년 했나 보다. 몇 달 전부터 생각이 바뀌었는지 블로그를 배우겠단다. 하여 첫 올림 글을 작성 사진까지 넣어주었다. 인스타그램을 배운다더니 손전화기 캡처를 나보다 잘한다. 손전화기 화면을 캡처가 안 되어,

"이거 캡처가 안 되는데 한 번 해봐요."

손바닥을 펴 세우고 쓱……

"됐어요. 노트북이 있었으면 좋겠어요."

"그게, 얼마나 된다고."

딸 아이에게 부탁하여 개인용 노트북을 받았다. 내 컴퓨터를 쓰라고 하니 자기 것이 있었으면 한다. 아이들도 자기 것들을 지니는데 아내에게도 가질 자격이 충분하다.

"주변에 인터넷 세상을 즐기는 걸 보면 자신이 한심해졌어요. 요즘 새벽 5시 일어나서 손전화기로 인터넷 강의 듣는 거 모르죠?"

그렇다. 이 시대를 살아가는데 나이가 어디 있을까. 함께 살아가기 위해 익혀야 한다. 자신과 상관없다는 무관심이 시대에 뒤처지는 자신을 만든다.

## 블로그 SNS를 운영하면서

"네이버 블로그 운영자님이신가요? 저희는 서울에 본부를 둔 00 네트워크 마케팅회사입니다. 블로그 운영을 열심히 하시는데 안타까워서 전화 드립니다. 저희는 블로그 지수를 높여드리고 블로그 글쓰기 지도를 해줍니다. 1개월 지도료로 0십만 원 내시면 그 이상 광고 수입을 낼 수 있도록 도와드립니다. 3, 6, 12개월 계약이 있는데 장기면 할인됩니다."

"고맙지만 사양하겠습니다. 지금의 운영에서 즐기고 있으니까요."

하고 전화를 끊습니다. 분업화 사회, 직업의 세분화란 말이 있는데 이런 직업이 있는지는 몰랐네요. 문자와 전자우편에도

'00은 수천 명의 인플루언서를 관리 및 서포팅하는 전문 업체입니다. 다름이 아니라, 퀄리티가 좋은 블로거를 서핑하다가 블로거 님의 블로그를 보게 되었고, 이렇게 연락드리게 되었습

니다. 블로그를 활성화하려면 특정 분야에 관한 지속적 관리를 해야 합니다.

　수익도 발생시키면서, 당신의 블로그가 최대한 활성화 될 수 있도록 도와드리겠습니다. 블로그 운영에 관한 도움과 부업을 동시에 할 기회가 될 것입니다. 자세한 문의를 원하신다면, 아래 메일로 메시지 전달 바랍니다.

　긴 글 읽어주셔서 감사드리며, 연락해 주시면 정확한 답변드리겠습니다. 감사합니다.'

문자에 오른 걸 그대로 복사했는데 줄은 여럿 줄였습니다. 제가 블로그를 시작한 것은 어린이 글쓰기와 독서 지도에 빠졌을 때였습니다. 문단에 추천된 동료가 글짓기대회 심사를 나가면 내 글로 문장구성 공부를 해라, 글을 이렇게 쓰라 하여,

"전국 글짓기대회 실적에서 댁이 지도한 아이들 입상 실적보다 내가 더 윗길인 듯하니 그런 이야기하려거든 다시 가까이 맙시다."

잘라 말했습니다. 그녀 몇 권 책 냈는데 미사여구(美辭麗句)로 간지러워 저와 다른 취향입니다. 추천작가입네 뽐내는 모습이 얄미웠습니다. 추천작가 권유는 문예지에서 여러 차례 있었지만 합당한 신춘문예 쪽 아니면 거들떠보지 않을 때였다. 나름 글쓰기 책들도 신간이 나오면 구매하고 읽었지요. 약이 올라 블로그를 하여 글쓰기 실력을 쌓으라는 글쓰기 책을 본으

로 시작하고 전국문학카페에도 가입하였습니다. 자주 글을 올리고 다듬으니 글이 달라졌죠. 2007년부터는 '블로그에도 사진이 필요하구나' 느끼고 카메라를 사서 활용했더니 블로그 방문자가 늘었습니다. 카페 회원과 태그 글을 찾아서 방문자는 더 늘었어요. 2013-5년 네이버 작가로 활동하기도 했지요. [네이버포스트] 포스트 작가학교 참석 리마인드 안내-2014. 3. 5.

　문장 구성에서 낱말, 문장과 문단, 기승전결로 한 편 글이 됩니다. 문장이 여럿 합쳐져 문단이 되고, 문단이 합쳐져 한편의 글이 된다는 글쓰기 요령이죠. 아직도 떠오르는데

　"한 편의 글을 우리 사는 집이라 생각해봐요. 아파트 현관을 들어서면 입구 공간이 문장, 거실, 방 부엌, 화장실을 문단, 문단이 합쳐서 우리 집 공간이죠?"

　그렇게 설명하여 어린이들 이해를 끌어내기에 효과적인 발상 단계였습니다. SNS 글쓰기는 전통의 문장 구성과는 다릅니다. 자세히 보면 문장도 줄과는 무관하게 서너 낱말이 한 줄입니다. 젊은이들이 좋아하는 편향된 글솜씨입니다. 자극적인 말이면 더 눈길을 모으고요. 인스타그램 글들은 한두 줄로 낚시 글이라고도 하더군요. 하긴 신문 전면 꼼꼼히 읽는 사람 얼마나 될까요?

　앞으로 글을 써보고 싶은 이는 이걸 배우면 작가 되기는 포

기해야 합니다. 광고대행사들도 많아 문장이 간결을 요구합니다. 유튜버들은 내용과 무관한 자극적인 제목으로 영상을 꾸며갑니다. 자극적인 제목을 요구합니다. 요즘 신문의 제목들이 이런 유행을 따르더군요. 이런 매체가 독자나 상대에게 신뢰를 줄까요? 그런 습성에 젖어 책 제목을 그럴듯하게 하여 다시는 그 작가의 책 안 삽니다.

 SNS 글쓰기가 글쓰기의 큰 도움이 된다고 하여도 드루킹과 같은 조작된 방문자로 눈속임하는 행태는 빨리 사라져야 할 폐단입니다. 하루 방문자가 많은 글이라고 좋은 글은 아니겠죠?

## 나이 70대 건강생활 챙기기

2022 새해를 맞으며 생애 70대의 중반을 넘어섭니다.
괴테는 노인의 삶에서 4개의 상실을 이야기했더군요. '건강, 일, 친구, 꿈'이라 했어요. 나이 든 이들과 대화하다 보면 '종합병원'이라 자조합니다. 자기의 일이 없고, 친구가 없으면 꿈마저도 엷어져 우울증에 노인 자살률이 높습니다. 세상과 소통의 기회를 늘리면 삶이 무의미한 것도 부질없는 일도 아닙니다. 자신의 취미생활을 찾는 일이 필요합니다. 농업경영인으로 살다 보니 힘들면 쉬면서 자신의 손에서 길러지는 농작물을 집안에 들이고 이웃에게 나눔 또한 즐거움입니다. 글쓰기 취미가 있어서 블로그를 운영하니 응원하는 사람들도 많습니다.

60대 중반까지 입원 한번 없던 건강 체질로 부모님께 고마워했습니다. 어린 날에야 넘어져 종기도 생겼지만 나이 들면서 살갗에 상처를 입어도 쑥이나 민간요법으로 문지르면 상처도 없었지요. 60대에 들어서며 나뭇가지에 찢긴 손등의 상처에 화농이 생겨 피부과를 다녀왔더니 흉터가 생겼네요. 얼음에 넘어지며 무릎이 긁혔는데 농이 생기더군요. '체질이 바뀌었구나.' 생각하고 알아보니 면역력이 떨어져서랍니다.

나이가 들면 어린애가 된다는 말이 있습니다. 생각만이 아닙니다. 신체 움직임도 그렇습니다. 넘어지는 것은 어린애 때만 있는 줄 알죠? 아닙니다. 어린 날 넘어지면 살갗이 벗겨져 피가 삐죽거리는 정도였습니다. 나이 들어 넘어지면 몸의 덩치가 있고 무게가 있어 엉덩방아를 찧어도 갱년기를 넘어섰으니 뼈가 부러지거나 깨집니다. 고관절을 다치면 70~80%는 생을 마감까지 갑니다. 뒷방 노인네가 되는 건 아차 하는 순간입니다.

동료 교장이 저보다 3년인가 뒤에 정년 퇴임했으니 70대에 들어섭니다. 작년 통화를 하며 한참 후

"혼자 농장에 있으며 나뭇가지가 거슬려 자르려고 올라갔다가 떨어졌네요. 누워 있다가 잠에서 깨었습니다. 가슴이 답답하고 뜨끔거려요."

"병원에 얼른 가봐야지 참고 있는 거예요? 집에도 안 알렸군요."

김포에 농장을 가진 취향이 같으니 자주 연락을 취하는 친구입니다. 병원에 다녀서 안정되어 집에서 알았나 봅니다. 농장

에 있는 게 즐거운데 집에서는 말려서 알리지 않으려 했답니다. 11월 날씨가 추워지더니 집으로 철수한다는 연락이 있었습니다. 보름쯤 뒤 통화해보니 낙상에서 손가락이 부러졌다는군요. 노인은 근력감소로 낙상 위험이 항상 있습니다. 아내의 경우 70대 들어 낙상으로 얼굴 광대뼈 금이 간 일에 입원했고 3년 전 넘어져 팔목 수술을 하여 병원 출입이 잦았습니다.

더러는 무릎관절, 허리 통증, 어깨 회전근의 고통을 호소하기도 합니다. 안구질환, 이명 등도 노인성 질환으로 병원을 찾게 합니다. 70 가까이 자신의 신체를 움직이게 한 고마운 조직입니다. 질환 없이 노년을 보낼 수 있다면 '복중의 복'일 겁니다. 보약을 찾는 사람들이 있지만 현명한 방법은 노년을 맞기 위한 대비가 더 중요합니다. 건강을 위한 체력 단련이 필수입니다.

제 나이에 식사 때마다 약봉지 찾지 않은 사람 별로 없습니다. 아내도 약 먹기 위해 식사할 정도니까요. 또래들의 모임에 나가보면 식사가 끝나기 바쁘게 가방이나 주머니를 뒤집니다. 상비약을 찾는 거지요. 대부분 고혈압 당뇨의 약, 관절 약 등이 대부분입니다. 걸음걸이가 휘청거리지만 걷고, 자전거 타기에 텃밭 가꾸기는 건강에 더없이 좋은가 봅니다.

나이 70대의 건강생활! 전 단계라면 조심조심 신체단련. 들어섰다면 병원 친구 하지 말고 땅바닥 동전 안 떨어졌는가 살피는 마음으로 건강을 지키는 한 해 되길 빕니다.

## 만학도(晚學徒)들이 많아지는 세상

사람들은 자신의 행복을 좇기 위해 취미를 갖고, 노력을 기울입니다.

2022년 11월의 아침 인생극장에 70대 부부가 소개되었습니다. 영암에서 생선 장수를 하며 목포의 중학과정을 밟는 모습이 방영되었습니다. 옛 같으면 60을 넘기면 잘 살았다고 하였습니다. 지금 태어나는 아이들의 기대수명은 84세랍니다. 만학인 부부는 먹고살며 자녀교육에 곁눈 팔지 못하다가 배움을 찾겠다는 결심을 하였습니다. 남편의 나이 79세입니다. 아내는 74세.

70대인 자신은 부모님 덕택에 대학교육을 받고 직장 생활을 하여 무난하게 살았습니다. 고향마을에서 초등학교 동창이 14명으로 학교에서 숫자가 세 번째 마을이었습니다. 중학에 진학한 친구는 5명이었습니다. 바로 아래 나이의 진학률은 우리보다 적었습니다. 여자라는 이유였습니다. 그 또래에 4명이 칠순을 앞둔 할머니가 야간중학을 들어가서 작년 고등졸업장을 받았다는 이야기를 들었습니다. 그중에는 50대에 홀로되어 자녀들을 키운 억척도 있습니다. 또래들 격려에 좋은 성적으로 각기 다른 지역에서 졸업했다는 소식을 들었습니다. 대단한 결심과 노력에 맞있는 걸 사 먹으라고 축하금을 보낸 일이 있습니다.

어린 날 배움을 계속하지 못했다는 멍울이 만학으로 거두어졌다는 인간승리입니다. 행복을 찾는다기보다 대단한 성취욕입니다. 80대에 박사과정을 마친 할아버지 이야기도 화제였습니다. 기억력이 약해지는 나이 듦입니다. 자신의 만학은 명함도 못 내밀겠습니다. 교대라는 2년제 대학을 나와 교사가 되었습니다. 방송통신대가 있어 4년 과정을 마쳤습니다. 50대 후반 자녀들 2명이 대학생으로 쪼들리는 형편이었습니다. 아내의 만류를 뿌리치고 야간대학원 석사과정을 마쳤습니다.

주변에서

"뒷 글로 배워 말글로 풀어내는 사람 말은 들었지만, 자네는 말글로 배워 뒷 글로 풀려는가?"라는 말을 들으면서 그 시절 결단을 내리지 못했다면 지금은 더 못했을 겁니다. 직장 생활을 하며 학위 논문을 작성까지 경제적인 어려움이 있었습니다. 직장 생활에 빈틈없게 하였습니다. 농토가 있어 작물 가꾸기도 게을리 못했습니다. 자신의 그 시절을 생각해보면 늦깎이의 초

인적인 기간이었습니다. 논문 작성 기간 2~3시간 눈을 붙이고 출퇴근했으니까요. 시간이 넉넉한 지금 하라면 못할 겁니다.

그 시절을 되짚어 생각해보니 구제금융 시절이었습니다. 아내는

"내가 말을 않고 넘어갔으니 그렇지 대학생 2명에 고등학생 1 자기까지 대학원 한다고 하여 봉급 동결에 아파트 대출금 상환에 얼마나 힘들었는데….”

그렇다. 직장을 잃은 사람들이 부지기수였습니다. 살던 집을 빼앗겨 길가에 나앉은 경우도 많았습니다. 세상 돌아가는데 세심하게 살피는 사람이었다면 실행하기 힘들었습니다. 월급으로 수입은 꾸준히 들어오니 자신의 성취에 목마름을 달래는 데만 집중한 못난이 가장(家長)입니다.

'초등학교 독서교육과 자기 주도적 학습의 연계성 연구'

그때의 논문집을 매만지면 '그래, 나도 쓸 만한 놈이었어.' 위안합니다. 이래 봬도 '중앙대학교 교육대학원 야간 사서 교육 전공 1호 논문'입니다.

## 음악과의 인연 맺기

　지금 컴퓨터 앞에서 "목신의 오후 전주곡"과 "알람브라 궁전의 추억"을 들으며 이 글을 쓰고 있습니다.
　지난 5월 산 책 가운데 "치유하는 책 읽기"가 있었습니다. 작가의 아련한 사랑의 이야기에 이 음악 테이프를 선물받아 가까워진 이야기가 있었습니다. 플롯의 감미로운 음악이라 하여 이웃이 선물한 은화로 사서 블로그에 음악으로 삽입시켰습니다. 궁금증을 푼 것이죠. 드뷔시의 참 감미로운 음악입니다. 격정적이면서도 푸근하게 감싸는 선율에 취합니다. 작가의 말마따나 달콤하면서 간곡한 고백의 음악일지 모릅니다. 이 음악을 듣노라면 마음이 차분해지니까요.
　두 번째 곡은 음악을 잘 아는 블로그 이웃이 보냈지요. 그녀의 방에서 음악을 듣노라면 내 환경이 다른(한 단계 오른?) 꿈속에 머물게 하였답니다. 하루라도 블로그에 나타나지 않으면 안타깝던 사이였습니다. 이 음악을 선물하면서 궁전의 멋진 사진도 보내왔습니다.

타레가의 감미로운 기타 선율로 잘 알려진 곡이죠.

애절한 사연이 얽힌 음악의 인상처럼 알람브라 궁전은 너무나 아름답죠.

알람브라 궁전은 스페인 남부의 도시 그라나다에 있답니다. 12마리의 사자 석상이 떠받치는 분수대와 물에 비친 궁전의 모습이 환상적이죠. 그 궁전의 통로를 따라가다 보면 밝은 곳과 어두운 곳에 계속 교차 되는 것을 볼 수가 있습니다. 이것은 적이 침입했을 경우 추격을 지연시키기 위한 구조라고 합니다. 라는 사연이 있었습니다.

그런다고 음악의 마니아도 노래를 썩 잘하는 편도 아닙니다. 우리 민요를 하는 분들이 예술을 논할 때 창이 뛰어난 명창이 있는가 하면 감상을 잘하는 것도 귀명창에 분류하여 나도 거기는…… 한 적이 있습니다. 풍류의 고장에 태어난 덕에 집안에는 창 잘하는 어른은 없었지만, 주변 환경에서 시조창과 육자배기 등 풍류와 젖어 살았습니다.

초등학교 시절엔 풍금(오르간)이 12학급에 1대 있어서 선생님이 오르간 연주에 관심이 적으면 취미도 끊어집니다. 중학교에서 음악 선생님은 여선생님이신데 가곡을 불러 마음을 서늘하게 해주시더군요. 매력적인 선생님이기도 하여 용돈을 모아 중고 명곡집을 구했답니다. 계명을 읽어 리듬에 맞춰 몇 번 불러보고 라디오에 나올 때 유심히 들으면 제법 부를 정도였습니다. 계명과 리듬을 일치시킨 것은 중학교 때의 여선생님 덕택입니다.

그것도 2학년 6월경 선생님께서 전근 가시고는 음악 시간 다운 시간을 가져보지 못했습니다. 왜 그랬는지 친구들이 즐겨 하는 유행가와는 거리가 먼 사람이라 생각했습니다. 가곡을 부르면 더 고상하다고 생각했던 듯도 싶습니다. 시 낭송으로 때우기도 하면서도 이렇게 노래할 수 있다고 우겼습니다. 모임 자리에 유행가가 필요하면 며칠 가사 외워 부르면 해결되었습니다.

교대에 들어갔습니다. 오르간의 레슨은 필수 과목입니다. 2년간 85곡이면 A, 하한선이 65곡이었던 듯싶군요. 힘이 좀 있고 키가 커 풍금 옮기며 만져본 외에 만져 본 일이 없는 이걸…. 어찌합니까. 요령을 모르는 사람은 당연히 받아들입니다. 5인에 한 대꼴의 풍금입니다. 다행히 6시에 개방하기에 학교에서 100m가량 떨어진 하숙집에서 뛰어가 고장이 안 난 풍금 실을 찾아갑니다. 첫날 도레미를 두 시간 했더니 다음 날 아침 손이 부어서 욱신거렸습니다. 강행하여 3일이 지나니 손의 부은 것이 가라앉아갔습니다.

음악당! 이곳에는 사랑의 기억도 있습니다. 같은 반에 C는 피아노도 곧잘 하지만 공부도 1등을 놓지 않았습니다. 그래도 하루 30분가량은 연습을 하면서 집이 멀기에 8시쯤 나왔습니다. 나의 손가락 연습이 잘못된 점도 잡아주고 점검도 하였죠. 그녀에게 음악실을 인계하고 아침을 먹으러 하숙으로 돌아왔습니다. 그녀에 이끌려 '사운드 오브 뮤직'에 취하고 '헬렌 켈러'에 감동하여 말문을 열지 못하던 때가 있었습니다.

교사로 자신 있게 음악 시간을 이끈다는 것도 쉬운 일이 아닙니다. 손이 부어오르는 아픔을 견뎌냈기에 현직에서 주저 없이 음악 시간을 다룰 수 있었습니다. 동요 곡이나 의식 곡은 잘 다루지 못하면서도 유행가 가사는 미끄러지듯 연주하는 동료들이 있었습니다. 그렇지만 잘 들어보면 동요에 유행가의 흐름이란 맞지 않죠. 어느 음악 공개수업 자리에서 교대 교수님이 참석하신 뒤

"선생님의 수업은 시장바닥 장돌뱅이 음악이 가미되어 걱정스럽습니다."

는 혹평에 놀란 일이 있습니다. 하긴 요즘엔 교대 졸업생이라고 음악 시간 악기 다루지 못해도 흉이 되지 않습니다. 음악 전공이 아닌 한.

저에게 10여 년을 아끼는 노래가 '향수'였습니다. 노래방에서 중간에 이 노래를 부르면 흥이 깨집니다.

"첫 곡으로 내 부르면 안 될까요?"

다음에 아는 노래가 없어서라고 물러서지만, 탬버린 박자는 잘 맞추지요. 가끔 기교도 넣어서.

내 블로그의 배경 음악이 한동안 '향수'였습니다. 정지용 님의 노랫말은 눈가를 시큼하게 합니다. 어찌 있어야 할 자리에 맞춰진 시어인지…. 듣노라면 시골 사립을 지나 우리 집이 나타납니다. 언제쯤 벗어날지 모릅니다. 노래 중의 노래니까요.

## 자연이 돌게 하는 농부의 마음

　불가에서는 윤회(輪回)라는 말을 쓴다. 돌고 도는 자연이라는 말을 이렇게 표현한다. 그 범위가 큰 것에 비해 내가 쓰려는 것은 순환(循環)이라는 말이 더 적합하겠다. 어느 학자는 순환의 고리를 끊은 것이 인류의 비닐과 플라스틱의 발명이라 했다. 농촌에서 물건을 묶는 끈은 덩굴 식물의 칡이나 청둥, 아니면 볏짚으로 꼰 새끼줄이었다. 물건을 담는 소쿠리라는 그릇도 부드러운 버들가지로 엮고, 통나무나 판재로 통이나 틀을 만들어 쓰다가 망가지면 태워져서 재로 변해 흙으로 돌아갔다.
　삶을 유지하는 주거인 집은 기와집이나 초가집, 드물게 너와집으로 그 수명이 다하면 자연으로 돌아갔다. 기둥을 받치는 주춧돌은 그대로 자연과 어울린다. 지붕에 얹어졌던 기와나 볏짚의 용마름이나 마름은 자연 순환으로 사라진다. 삶에서 짚신 또한 더 이상 발에 걸치기 어려우면 퇴비나 숲속에 던져진다고 하여도 볼썽사나울 게 없다. 그것은 조상의 지혜였다.

먹거리가 자연에서 왔으니 자연으로 돌아간다. 채소에서 버리는 푸성귀는 가축의 먹이로 나눈다. 밥을 하면서 쌀을 씻어 나오는 뜨물까지 가축의 먹이였다. 볏짚이 새끼나 멍석, 초우, 짚신이나 동구리의 생활 도구로 바뀌었다. 가축의 사료로, 아궁이 땔감이나 초가지붕 등 이용이 헤아리기 어렵다. 벼에서 쌀을 뽑기에 등겨와 청미, 싸라기, 미강까지 다 쓰임이 있다. 콩대나 고구마 줄기, 보릿짚도 사료와 남은 것은 퇴비로 흙에 돌아가니 자연 순환이다.

가축을 기르는 사연도 농업 부산물의 이용과 농사에 활용이 목적이다. 거기에 처분이 될 때는 가용에 큰 도움이 되었다. 가축의 활용은 사육에서 나온 배설물과 깔짚들은 퇴비로 농토에 되돌아간다. 고기가 흔치 않던 때 닭은 갑자기 귀한 손님이 왔을 때 한 마리 잡으면 어떤 대접보다 후한 접대였다. 거기에 달걀의 공급은 어떤가? 달걀이 껍질은 바수어져 다시 닭에게 먹인다. 축산을 복합영농이라 함이 여기에 있다.

봄날이 되면 부지런한 농부는 삽과 삼태기를 들고 논두렁에 나선다. 집에서 기르던 개들이 논두렁에 놓은 개똥을 모은다. 참외나 수박을 가꾸려던 이는 그보다 좋은 비료가 없다. 사실 비료를 사기가 힘들 때였지만 이를 써서 가꾼 열매는 맛이 뛰어나서 인기가 높았다.

닭을 길러보니 교과서에서 배운 것보다 훨씬 많은 걸 배운다. 퇴비 중에서 가장 비료 효과가 큰 게 개똥이나 닭똥이다. 그 다음을 돼지똥, 다음이 소똥이다. 소똥은 초식성인 소가 먹은 씨앗들이 농토에 뿌려지면 다시 싹이 나서 풀매기에 손이 많이 간다. 돼지나 닭, 개는 잡식성이라 씨앗이 그대로 소화되어 풍부한 비료분이 된다. 고추처럼 비료분을 많이 취하는 작물은 완숙되지 않은 가축 분뇨도 흡수하여 자란다.

닭의 잡식성은 모래까지 필요로 하니 집의 음식 쓰레기를 모두 처리한다. 지난가을 도토리를 상당량 주어서 껍질을 벗기고 물에 우려내어 가루를 만들었다. 가루를 물에 담가서 녹말을 빼내고 버릴 찌꺼기가 많이 나왔다. 닭을 키우기에 버릴 게 없다. 사료를 사서 먹이지만 정미소에서 청미라는 덜 여문 쌀을 사 와서 섞고 사과나 배의 껍질, 생선 뼈도 닭장에 넣는다. 이웃에서 닭을 키우는 걸 아는지라 벌레 먹어 버릴 곡식, 멸치 머리와 창자 빼낸 것도 넘겨준다. 한번은 멸치가 오래되어 찌든 걸 상당량 넘겨받았다. 아내는,

"닭이 먹는다니 고맙긴 하지만 쓰레기 치워주는 것 같아 별로예요."

"고마운 일이요. 구입 사료비가 많이 절약돼요. 그분들은 버릴 게 재생산되니 좋고. 달걀이나 몇 개씩 맛보라고 드려요."

닭의 습성을 모르고 농촌 생활을 안 해본 아내는 쉰밥이나

생선 대가리 같은 걸 어떻게 닭에게 주느냐고 음식쓰레기로 버린다. 자연에서 나온 쓰레기가 자연 순환으로 흙에서 작물이 자라고 가축이 먹어서 사람에게 알이나 고기를 제공한다. 사람은 상한 밥을 먹었을 때 탈이 나지만 가축은 소화시켜서 영양이 된다. 집에서 나온 음식쓰레기는 아파트 쓰레기통에 들어갈 게 없다. 모두 농장의 퇴비 더미에 섞여서 비료가 된다. 음식쓰레기는 지자체에서 공급하는 쓰레기봉투를 사야 한다. 어느 집이나 몇만 원어치 봉투를 사지만 우리 집에서는 1년 쓰이는 양이 몇 장에 불과하다.

가축이나 작물의 재배에서 자연순환의 어려움은 대량 사육 또는 재배에 있다. 소나 돼지를 키우는데 몇천 마리까지, 닭을 수십만 마리까지 사육한다. 기업이 되어 배설물을 정화 시설한다고 하여도 홍수나 장마철에는 감당이 안 된다. 집단 사육으로 자동화 시설을 하여 전염병이 돌면 전국적으로 번진다. 사람들의 욕심이 가져온 자연 순환을 거스른 탓이다.

작물도 한 가지가 돈벌이가 된다고 하여 몇천만 평까지 가꾸고 보니 병충해는 늘어난다. 여러 가지 작물이 어우러지는 자연에는 치명적인 병충이 크게 염려되지 않는다.

여러 작물은 각기 특성이 있어서 어떤 곤충이나 병이 농약을 많이 안 치더라도 크게 번지지 않는다. 단일 작물을 가꿀 때 그 작물을 좋아하는 병이나 충이 기하급수적으로 번져 농사를 망

친다. 그걸 막기 위해 강한 농약을 사용하니 유용한 곤충까지 전멸시킨다. 김매기가 힘들어서 제초제를 뿌려 땅을 황폐하게 한다

조상들의 자연 순환 농사는 돌려짓기하고 퇴비를 많이 넣어 흙을 살려 늘 하늘에 감사하며 순수한 마음으로 살아갔다. 후대까지 물려줄 자연이다. 자연에 감사하는 정성을 다하는 농부의 길을 생각한다.

*용마름: 초가지붕의 가장 윗줄 중앙을 덮는 마름

# 4

## 발길 닿는 그곳

## 삶의 여적

우리가 살고 있는 지구가 40억 년
오래 산 나무 연대 뿌리를 400년
사람이 삶의 흔적은 길어야 100년

생명을 얻어서 보살핌 스물 성인
가정을 이루고서 도전의 40여 년
그래도 부끄럽 잖은 오늘이 행운인가

부모님 날 낳으셔 모진 삶 일구셨네
가정을 일구면서 그 마음 헤아리니
어버이 한 자락 정성 좇을 길 없나이다

## 12년 만에 찾은 동해안 가족여행 2박 3일

**2022. 02. 03. 첫째 날 무릉계곡 베틀바위 오르기**

　2010년 1월 29일 교장 승진 발표를 앞두고 아내와 자신의 마음고생을 달래자고 동해안 여행길에 나섰습니다. 관운 어쩌고 하지만 아슬아슬한 우여곡절의 사연 깊은 승진 확정이었기 때문입니다. 바로 여행을 마치고 2월 발령 통보에 3월 1일 승진은 되겠지만 어느 곳에 발령될까? 3, 4월 경황이 없고 설렘에 글 정리를 못하다가 5월에야 블로그에 올린 무릉계곡을 노래한 글입니다.

　　금강송 둘러서서 여행객 발길 멈춰
　　놀라운 넓은 바위 이곳이 무릉반석
　　삼화사 풍경소리에 숨소리도 멈춰라.

학소대 폭포에서 빙벽 속 흐르는 물
둘러친 병풍바위 호령 칠 장군바위
물소리 새소리 감싸 용추 쌍폭 절경이다.

고생길 외국 여행 풍광을 즐기려든
우리 땅 곳곳에도 볼만한 경치 많다.
내 땅을 둘러본 연후 눈 돌려 봄직하다.

  그때는 아내와 왔는데 이번엔 막내아들이 운전하여 효도 여행길입니다. 막내가 강원도 가고 싶은 곳 있으면 쉬어 오자고 2박 3일 나선 길입니다. 첫 기착지가 아내가 둘러보자는 두타산 베틀바위입니다. 12년 전 다녀온 무릉계곡은 까맣게 잊었답니다. 여느 국내 관광지처럼 늘어선 상가들이 썰렁합니다. 코로나 시국도 한몫했겠습니다. 입구에서부터 많이 다른 풍경입니다. 상가 끝 건물은 화제로 그을린 채 뼈대가 앙상합니다.
  삼화사가 훨씬 아래 위치로 알았는데 다리를 건너 베틀바위 오르는 길이 새로 생긴 듯싶기도 하고. 무릉계곡은 다음으로 하고 베틀바위 등산로로 들어섰습니다. 오르막길이 쉬운 길이 아닙니다. 아내가 힘들어하여 '힘들면 내려가요.' 하니 기어이 오르겠답니다. 12년 전에는 계곡을 둘러보고 베틀바위를 오르다가 중간에 포기한 일이 있습니다. 아무튼, 능선길보다 오르막에 깔딱고개까지 나이 든 이에게는 무리였습니다.

더군다나 3호 식당에서 청국장 한 그릇을 비운 뒤라 더 숨이 찬듯싶습니다. 2.5km 정도를 3시간 정도 소요한 산행이었습니다. 산 중간에서 계곡 건너 삼화사 뒤에서 학소대까지 펼쳐진 병풍바위와 장군바위는 오후 햇살을 받아 장관입니다. 막바지에 오르며 등산로 주변에 낯익은 교목들이 보입니다. 고향에서 보아온 작은 둥근 잎의 늘푸른 회양목입니다. 작은 나무지만 단단하여 도장을 새겼기에 도장나무라 하였습니다. 고향에서는 자라면 2m 가까이도 자라는데 이곳은 50cm 이하입니다. 표지판이 있는데 회양목 자생지라 되어있군요.

마지막 나무계단을 올라 베틀바위 전망대입니다. 깎아지른 바위벽의 모습을 보려고 사람들은 힘든 산행을 했습니다. 아래 계곡 쪽 용추폭포는 얼음벽이 되었습니다. 중간에 포기하지 않은 뿌듯함을 이마에 흐른 땀을 훔치며 사진에 담았습니다. 하산하니 4시에 가깝고 계곡의 절경을 다시 보고 싶었는데 아들과 아내는 고개를 흔드니 포기했습니다.


**숙소에서 묵호 논골길 등대**

아들이 예약한 숙소는 동해시의 일반 아파트입니다. 요즘 여행객을 위한 가정집의 여행객 숙소제공이랍니다. 게스트하우스라나? 숙소에 짐을 놓고 묵호항으로 나섰습니다. 등대가 있는 동산을 논골길 바람의 언덕 등대입니다. 1970년대 달동네의 모습이 떠오르네요. 골목을 오르며 벽화들이 많습니다. 묵호항에 먹고살기 위해 모여든 사람들이 이 언덕에 둥지를 틀고 어려운 생활을 하던 곳입니다. 도시에서라면 밀어버리고 아파트를 세우면 되겠지만 지자체가 단장하고 1주 살이, 한 달 살이 임대를 하나 봅니다. 청년실업자의 창업으로 커피숍을 열거나 공방으로 빌려준답니다.

가파른 옛 골목은 그즈음 묵호의 오징어와 생선들을 말리며 비린내 가득했겠지요? 아이들은 바글바글 골목을 메웠겠지요. 벽화들이 그런 내용을 담고 있습니다. 언덕의 맨 위에는 묵호등대 주변으로 등대문화 공간입니다. 추억이 담긴 시멘트 집, 담벽, 벽채입니다. 담벽에는 바람개비들이 추억을 돌립니다. 바다에 나간 가족이 무사히 돌아오길 기다리던 아내의 모습이 선합니다. 옛 모습을 살리는 것도 변화가 심한 현대를 살아가는 이들에게 추억과 자극이 되겠습니다.

**2022년 02월 04일 둘째 날 테로사커피, 아르떼뮤지엄 강릉, 통일전망대**

동해안 여행객들의 필수코스랍니다. 나이 든 사람들이야 커피 한 잔의 나눔보다는 대포 한잔의 담소가 정겹지요. 테로사 주차장에 10시인데 웬 차들이 이리 빼곡하죠? 우리처럼 나이 든 이들 모습은 거의 없고, 젊은이들이네요. 커피 파는 곳은 빵도 판매하고 각종 커피도 팝니다. 줄을 서서 주문하는 광경이라니. 휴일 같음 한참을 기다린답니다. 가끔 우리나라 커피 수입량이 세계 세 번째니 어쩌고 하던데 맞나 봐요. 홀이 2층까지이니 거리를 둔 자리지만 한꺼번에 몇백 명 수용도 하겠습니다.

아들이 커피 두 잔에 케이크 한 조각을 시켰는데 1만 5천 원이랍니다. 젊은 여행객들 아침 식사 거른다더니 여기 와서 식사 대용으로 케이크 한 쪽에 커피 한 잔으로 붐비나 봐요. 커피 박물관 입장료도 만만찮은데 시간에 인원 제한으로 12시 입장이라 하여 포기하고 강릉 경포대로 떠났습니다. 입소문에 아내는 두어 차례 왔나 봐요. 한 봉지에 1300원가량 일회용 커피를 한 상자 사는군요. 내림 커피도 구하고. 구수한 숭늉이 더 그리워집니다. 커피가 언제부터인지 우리 삶에 한쪽을 차지한 느낌입니다.

아르떼뮤지엄강릉이 어떤 곳인지 모르고 따라 들어섰습니다. 입장료가 만만찮은데요. 여기 넓은 주차장에도 승용차는 넘칩니다. 어린이 관객이 부모 손을 잡고 가득합니다. 2021년 12월 개관한 몰입형 미디어아트 전시관은 '빛과 소리가 만든 영원한 자연'으로 입장하면 꽃잎과 연주가 어우러집니다. 공간과 양쪽 벽이 동시에 연출되네요. 명암이 반복되기에 일행이라면 손을 놓으면 상당히 헤매게 됩니다. 다음으로 옮기면 빛의 정원, 동굴, 신성한 숲, 초현실 해변, 초대형 파도, 그림으로 만드는 세상, 별빛의 향연, 계단에 올라서면 번개와 뇌성, 등 포장을 젖히면 새로운 영상과 음향에 압도됩니다.

11개의 전시공간과 1개의 차 마시는 공간으로 되어있습니다. 영원한 자연을 주제로 제작된 작품들은 시각적 강렬함과 감각적 음향, 품격 있는 향기로 몰입하는 경험을 하게 합니다. 눈과 귀 코의 후각이 정신을 마비시키는 것 같습니다. 전시관을 나오면 딴 세상을 경험한 느낌입니다. 관람 시간은 연중무휴로 10시에서 20시까지로 입장 마감은 19시입니다. 요금은 성인 17,000원 차 한 잔+면 20,000원으로 청소년, 어린이 요금과 경로, 미취학, 장애인, 유공자, 군인에게 8,000원 할인요금이 적용됩니다.

말로만 들은 메타버스가 이런 영상이 아닌가 봅니다. 퇴장하여 13시가 넘어서 순두부집에서 점심을 하였습니다.


**꿈에도 소원인 통일전망대**

강릉에서 속초의 숙소인 소노캄에 도착하여 짐을 넣고 다음 행선지 통일전망대로 달렸습니다.

통일전망대를 방문하기 위해 남북관리사무소에서 승인을 받아야 합니다. 금요일이지만 찾는 사람들이 많습니다. 방문 차량의 주차료와 입장료가 부과됩니다. 검문소를 거쳐 전망대 주차장에 들어서니 옛 건물 옆에 산뜻한 건물이 들어섰습니다. 해발 70m 고지 위에 34m의 전망대가 세워져 있습니다. 통일전망 타워는 2019년 완공되어 엘리베이터가 운영되고 있습니다.

 옛 건물의 서편에 새로운 공법에 따라 투명 유리벽으로 오른쪽 동해와 해금강이 보입니다. 날씨가 맑아서 금강산이 눈앞입니다. 통일의 염원이 강한 자신이었지만 오랜 기다림은 좌빨이니, 우향이니 자기편 만들기에 바쁜 정치가에게 염증을 느낍니다. 관광객 사망으로 평화의 길이 끊겼는데 대통령은 임기를 마치며 언급이 없었습니다. 다음 정권은 개성공단 폐쇄를 하였습니다. 그러다 보니 유엔의 북한 제재란 명목으로 고착화 되었습니다. 현 정부는 슬기롭게 남북문제를 해결할 거라는 믿음이 있었습니다.

**2022년 02월 05일 동해안 셋째 날 인제 자작나무숲**

 숙소가 소노캄이란 생소한 이름인데 낯익은 건물입니다. 차도 건너 델피노란 건물명도 고개가 갸우뚱해집니다. 울산바위 뒷면이 펼쳐진 곳이거든요. 숙소 안 탁자 위에 놓인 안내서를 보고 의문이 풀렸습니다. 1990년대부터 관광지의 숙소로 이름 높던 대명콘도의 바뀐 이름이군요. 설악산 쪽 수학여행, 직원연수, 계모임 여행 등으로 이용하던 건물입니다. 대중탕을 들리던 생각이 납니다.

아침을 먹고 산책을 나섰습니다. -10℃라는데 바람이 어찌나 센지 -15℃ 이하인 듯 바로 귓바퀴가 얼얼해져 들어왔습니다. 아내는 설악동의 비선대를 다녀오자는데 이 추위에 견디기 어려울 듯싶어 인제의 자작나무숲이 어떠냐는 대안을 제시하여 결정하였습니다. 미시령 터널은 옛 고개가 아닙니다. 구불구불 넘던 고갯길은 통행 제한입니다. 터널을 지나면 바로 황태덕장으로 유명한 용대리입니다. 태백산맥을 지났다고 바람은 한결 약해졌습니다. 도로변에 특산품 판매점과 황탯국 파는 식당들이 즐비합니다.

강원도 인제군 인제읍 원대리에 있는 '속삭이는 자작나무숲'이 있습니다. 그 숲에 머무는 동안에도 우리 주변의 모습과 사뭇 다른 이국적 분위기를 느낍니다. 하얀 자작나무들이 줄지어 쭉쭉 늘어선 숲길에서 위안을 받습니다. 주차장에 가득한 차량과 산 오름길까지 빼곡한 차량이 휴일이라 더한가 봅니다. 며칠 전 내린 눈으로 아이젠이나 등산화가 아니면 걷기가 힘듭니다.

내가 이 숲을 찾은 것이 4번째이니 매력이 있는 건 분명한 듯싶습니다. 이 자작나무숲은 원래 인제국유림관리소가 산불 확산을 막기 위해 1974~95년 자작나무 138ha를 조림한 곳입니다. 자작나무는 러시아 배경 영화나 서양의 소설에 자주 등장

합니다. 나무껍질이 하얗게 보이는데 키가 40~50m 쭉쭉 벋습니다. 2008년 숲 일부를 '숲속유치원'으로 꾸며 아이들이 숲 선생님과 함께 타잔 놀이, 외나무다리 걷기, 꽃 이름 알기 등의 다양한 프로그램을 직접 체험할 수 있게 해놓았답니다.

  겨울에도 5~6대의 관광버스가 있을 정도이니 전국적인 명소입니다. 산림청에서 시대 변화에 맞춰 휴양림을 조성하고 숙박 시설까지 준비하는 변화는 바람직합니다. 국민과 함께하는 가치 있는 숲이기를 기대합니다. 아내와 아들이 힘들어하여 숲 광장을 바라보며 되돌아 왔습니다. 숲에 오던 길과 반대편 길은 소양강으로 흘러드는 내린천계곡입니다. 맑은 물이 사철 흐르는 1급수로 산천어가 서식한다는 곳입니다. 중간중간 숙박객을 맞는 펜션들이 있습니다. 주변에 점봉산과 곰배령이 있지만, 시간이 바빠 서울양양고속도로를 통해 춘천을 지나 귀갓길에 들었다. 2박 3일 동해안 여행은 아내가 만족하여 의미 있는 여행길이었습니다.

## 백담사 템플스테이 대청봉까지

　백담사를 서너 차례 입구에서 퇴짜 맞은 기억이 있다. 홍수로, 늦은 시각 때문이었다. 이번 운 좋게 수행 과정에 당첨되었다. 아내와 함께 참여하는 수련이다. 나이 들어가며 승용차 끌기가 귀찮아 대중교통 이용 일산터미널에서 9시 출발 버스를 탔다 속초행으로 백담사 입구에 2시간 40분 걸렸다.
　점심을 먹고 백담사 운행하는 버스를 타려니 행렬이 수십m. 8km라니 걷자. 계곡이 흰 돌들에 맑은 물이 굽이굽이 흐른다. 한 시간 삼십 분이다. 백담사! 그리 큰 절은 아니다. 만해 스님의 기념관이 눈에 들어온다. 시인이요. 승려, 민족의 지도자셨다. 근래 전두환의 유배로 더 알려지게 되었다. 극락전이 그리 화려하지 않다. 1박 2일의 템플스테이이다. 아침 공양 전 단원 10여 명이 새벽예불을 마치고 사찰 경내 청소에 참여하였다.

말로만 들어온 암자 이야기다.

백담사 템플스테이가 끝나고 안사람이 대청봉 등정을 제안했다.

"동네 등산팀 대장 형님께 대청봉을 가겠다고 했더니 꿈도 꾸지 말래요. 오기가 나는데 함께 가지 않을래요? 내가 명색이 부대장인데 완전히 무시했어."

"그분 연세가 78세인데 당신 실력을 능히 알기 때문 아니겠소?"

"당신은 대청봉 안 가봤다 했죠? 이번 기회에 도전해 봐요. 여기서 13km 정도라니 봉정암에서 하룻밤 자고 올라갔다 내려오면 어렵지 않아요."

백담사 일정을 생각하며 산이라 등산화와 등산복만 갖춰 왔지만, 등정까지 준비는 없는 상태였다. 그렇지만 산을 오르는 일에서 빠질 내가 아니었다. 더러 봉정암, 오세암을 어떤 곳일까? 생각했기에 백담사 입구에서 백담계곡을 마을버스 타기를 포기하고 걸으며 결정을 잘했다. 이 글을 읽는 이들은 꼭 백담사 찾을 때 1시간 30분가량 백담사계곡 걷기를 권하고 싶다.

**봉정암에서 하룻밤**

10월 4일 밤 아내는 백담사 입구의 설악산국립공원백담분소에서 가져온 설악산 국립공원 안내 지도를 찾으며 목적지 탐구에 들어갔다. 강원도 인제군 북면의 백담사에서 봉정암까지 두 길이 있었다. 영시암에서 갈라지는 오세암 길과 수렴동 대피소를 경유하는 길이 있다. 영시암에서 오세암을 경유하는 길이 봉정암까지 4시간 20분 소요 길과 수렴동으로 3시간 걸리는 길이다. 백담사에서 출발이니 영시암까지 1시간 50분 소요의 길 안내다. 12시 백담사 출발로 오세암 경유가 6시간 이상 다른 길이 5시간 가까이 걸리니 오후 5시에는 도착 가능하다.

오세암 길이 아쉽지만, 오후 6시 이후 도착이란 산길에서 해가 떨어진 후라는 걱정이 있어 수렴동 대피소 길로 결정하였다. 점심 공양을 마치고 12시 출발하였다. 웬 등산객이 이리 많나 했는데 봉정암 예불참가자가 대부분이었다. 구곡담계곡을 오르는 길로 만수, 관음, 용손, 쌍음폭포를 지나 청봉골로 일명 깔딱고개란다. 봉정암을 200m 앞두고 사자바위가 있었다. 멀리 바다가 속초 앞, 만물상과 천불바위가 설악의 위용을 자랑하고 있다. 힘든 길에 만난 부부는 부산에서 봉정암 예불을 위해 온단다. 쉬는 길에 가져온 오이를 맛보라고 꺼내주었다.

"아, 오이는 시주하러 들고 오시는 겁니까?"

"오이, 시주라니요?"

"모르셨나요? 봉정암 시주 품목으로 쌀, 대추, 미역, 오이, 초가 있어 저희는 미역을 준비했어요."

한다. 시주 준비가 없는데 꺾으려던 오이를 다시 비닐봉지에 넣었다. 이네들은 봉정암을 1년 3~4회 오른단다, 1만 원을 내고 방을 배정받았다. 5호실 13번이다. 들어가 보니 60×90cm 짜리 자리이니 앉아서 자야 한단다.

  17시 반이 저녁 공양으로 줄지어 선다. 사리탑을 둘러보고 싶어 급히 산길로 접어들었다. 시주하기 위해서다. 봉정암은 국내 유일의 불상이 없는 암자란다. 여기는 부처님의 진신사리를 모신 암자란다. 방송에서는 시주 물품을 가지고 내려와 공양간의 바구니에 넣어줄 것을 되풀이 알린다. 공양간 앞에는 미역국 한 그릇을 받기 위해 600여 명은 넘을 인파가 줄지어 밥그릇을 받고 있다. 다음 숟가락 그리고 오이무침 서너 쪽이다. 어떤 이는 댓돌에 앉아 어떤 이는 서서 밥을 먹고 있다.

  만 원으로 저녁, 아침 두 끼와 점심 주먹밥, 잠자리를 제공받는다. 미역이나 쌀, 오이를 시주 받는 이유를 알겠다. 이 많은 인파를 먹이는 일로 부식을 운반하는 일이 쉽겠는가? 백담사의 부속 암자로 해발 1244m에 있다. 늘어선 사람들 누구도 식사에 대한, 잠자리에 대한 불평이 없다.

### 대청봉을 오르고 내설악으로_2014. 10. 6.

  지금껏 설악산은 설악동에서 권금성이나 울산바위를 다녀오고 설악산을 보고 왔노라 했다. 설악산에 관한 생각은 '장님 코끼리 만지기였다.'라는 느낌을 새롭게 가져 비로소 설악을 다녀왔노라 말할 수 있게 되었다. 그래도 설악산은 40여 년 전 신혼여행지라 남다른 곳이다. 외설악의 설악동 지구와 남설악의 오색지구를 몇 차례 들린 것이다.

백담사를 거쳐 봉정암에 오르는 내설악을 비롯하여 설악산의 중심 소청, 중청, 대청봉을 거쳐 되돌아 소청에서 천불동계곡을 밟아 비선대를 내려오며 설악의 진수를 보게 되었다.

봉정암의 하룻밤은 어느 분의 말처럼 생불의 체험이었다. 사실 한 방에 60×90cm 자리가 22명분으로 지정된 방에서 지낸다는 건 칼잠이다. 그곳 도착까지 10시간을 줄 곧 올랐다는 이, 나처럼 5시간 이상은 산행을 하였으니 푹 쓰러질 건 뻔하지만 밤이 깊어도 정신만 말똥말똥하였다. 이곳저곳 기차 화통 소리 같은 코 고는 소리에 땀 냄새에 몇 차례 들락거리다가 두세 시간 눈을 붙였나 보다.

아침 공양이 새벽이 열리기 전 5시 반이다. 미역국에 만 밥은 먹지 않고서 빈속으로 산 오르기는 어렵다.

"사리탑 옆으로 빠지는 오세암으로 내려가는 길이 여섯 시간 정도면 되니 그게 어때요?"

"우리 등산팀 대장이 대청봉은 꿈도 꾸지 말라 하였는데 꼭 도전하고 싶어요. 싫으면 혼자 갔다 올게요."

난감하다. 어제 봉정암을 오르면서도 헐떡이는 걸 보았기 때문이다. 여섯 시 봉정암의 오른쪽 길을 택하여 대청봉으로 출발하였다. 소청봉을 오르는 길은 참 가파르다. 두 시간 길에서 아내의 뒤처진 모습에 몇 차례 다시 생각해 보라 하였다. 소청 대피소에 도착하니 안개가 자욱하다. 늦게 깬 이들이 라면을 끓이고 있다.

소청봉이 해발 1550m, 중청이 1676m, 대청봉이 1708m로 소청에서는 비교적 능선을 이용하기에 40분 거리로 어렵지 않다. 어디나 정상은 쉽지가 않다. 정상에 가까울수록 기온이 내려가 스틱을 잡은 손이 시리다. 등산로를 보수하기 위해 마사토 포대와 마대들이 놓여있다.

대청봉!

표지석이 안개 속에 그 모습을 나타냈다. 맑은 날씨였다면 동해안과 백두대간을 볼 수 있었는데 아쉬움이 크다. 등산하는 이들은 정상에 올랐다는 성취감, 만족감, 자신감으로 그 힘든 과정을 마다하지 않는가 보다. 올라온 사람들은 모두 밝은 얼굴이다.

소청봉까지 내려온 시간은 30분 정도이다. 여기서 천불동계곡을 향하여 희운각 대피소 길로 접어들었다. 내리막길이 만만치 않다. 대청봉에서 오색지구로 내려가는 길도 가파르기는 마찬가지란다. 대청봉을 오르기 위해 백담계곡을 택하는 이유를 알 듯하다. 천불동계곡이나 오색지구에서 오르기가 어렵기에 백담계곡에서 구곡담계곡을 택하나보다.

## 세계여행을 꿈꾸던 시절이 있었다

우리나라 사람들이 보릿고개를 벗어난 1970년대. 부추기고 달래주는 '김찬삼의 세계여행'이 생각난다. 1988년 서울올림픽과 2002년 월드컵대회를 거쳐 세계와 가까워지며 세계여행의 불이 지펴졌다. 코로나를 앞둔 시기 세계 어느 곳에서도 한국인 관광객을 만나는 일은 어렵지 않았다. 한국인 관광객이 많아지니 스위스의 관광지에서 한국어 안내방송이 나왔다. 코로나 시국으로 해외여행이 거의 차단되었다. 우리나라 작년 3월부터 거부되었다가 올 6월인가부터 '괌'이 빗장을 풀었다.

자신이 여권을 처음 발행받은 게 2005년인가 싶다. 직장에서 추천된 선진교육 연수로 호주를 다녀왔다. 파주교육청에서 3진까지 보냈으니 1진이 40명씩이었나 보다. 여름방학 중이었는데 호주는 남반구라서 겨울옷을 준비해 여행용 가방이 더 무거웠다. 한국여행사에서 비행기를 태워 보내면 현지에서 가이드를 만나서 여행을 마치면 탑승까지 도와주는 방식이었다. 신혼여행 때 삼척에서 김포까지, 제주여행에서 비행기 탑승 외에 대양을 건너는 여행이 몹시 설레었던 기억이다.

호주는 겨울이라지만 우리의 늦가을과 같았다. 이국의 자연에 호주라는 특수한 환경을 이해하고 연수 목적으로 호주의 학교 5곳을 둘러보았다. 선진국이지만 한국교육환경보다 앞서진 못했다는 느낌이었다. 거기서는 컴퓨터 교육이 시작단계였는데 우리는 학교마다 컴퓨터실이 있어서 전체 어린이가 컴퓨터 교육을 받던 때였다. 들르는 학교마다 한국 유학생이 있고, 관광지마다 중국 관광객이 넘치는 걸 보았다.

두 번째 여행은 2007년 필리핀 여행이다. 아내의 '꽃돼지' 친목회원 10명의 여행이었다. 공직에서 신고하지 않으면 불이익이 있다는데, 집안일이 있다고 간 크게 다녀왔다. 국내 여행에서 얼굴을 익힌 이들이라서 마음 편히 다녀왔다. 마닐라 숙소에서 아침 일찍 혼자 바닷가를 산책하며 풍물을 엿봤다. 뒤에 알고 보니 위험천만한 행동이었다.

식물에 관심이 많았던 나는 호주에서는 유칼립투스, 단단한 나무라는데 산불에도 강하여 피해가 적다는 것이다. 필리핀에서는 리틀엔젤스라는 우리 이름 '천사의 나팔'이 크게 기억에 남는다. 우리나라에서는 겨울이 있지만, 그곳에서는 사철이 따뜻하여 키가 4~5m이고 꽃이 70~80cm 나팔 모양이었다. 따뜻한 지방이라 꽃의 색감이 진하며 그곳의 꽃들이 우리나라에서도 여러 종이 가꾸어짐을 보았다.

 2009년 처제가 일본에 남편 직장을 따라가 있어 초청하였는데 직장 일로 아내만 다녀왔다. 이듬해 아내는 이웃들과 북유럽과 러시아를 다녀온다고 하여 '아내를 휴가 보내고'라는 제목으로 블로그에 올렸다. 2011년 1월 처제 네가 귀국하여 살다가 아이들에게 지인들 만나게 일본에 가는데 같이 다녀올 의향을 타진했다. 2박 3일 일정으로 도쿄를 다녀왔다. 파견근무를 5년간 복잡한 지하철 노선을 잘 찾아다녔다. 우에노, 횡거 공원과 신사, 시장도 둘러봤다. 옷차림에서 우리의 개방된 색상과는 다른 단조로움을 느꼈다. 숙소의 TV는 소형의 진공관으로 우리나라 모델은 호텔급이다. 살아가는 모습에서 부러울 게 없는 상황이다.

 2011년 5월 정년퇴임을 앞두고 딸아이가 유럽 4개국 패키지 여행을 주선하였다. 아내와 영국, 프랑스, 스위스. 이탈리아를 다녀왔다. 영국과 파리 루브르 박물관에서는 중동이나 이집트 시신까지 약탈해와 전시하는 모습에 분노가 치밀었다. '알프스의 소녀' 하이디 동화에서 그려보던 스위스의 알프스산맥과 몽블랑 얼음동굴이 선하다. 이태리에서 자랑하는 대리석 문화유산이 종교에 따라 신전이 성당으로 바뀐 모습에 신의 존재에 회의가 있었다. 바티칸시의 유산도 누군가 더 힘센 신의 위력이 있다면 바뀌는 게다.

 2014년 12월 조카가 싱가포르에 파견되어 초청으로 다녀왔다. '아시아에서는 제일 잘 산다는 나라'라는 글로 블로그에 올라있다. 첫날은 조카사위의 회사 쌍용이 건설한 마리나베이 벤즈 호텔에서 자고 민박집에서 3박을 했다. 조카의 안내로 질서가 잡힌 여행지를 둘러봤다. 2015년 백두산을 바라고 중국 만주를 다녀왔다. '삼대가 지성을 들여야 둘러본다.'라는 백두산은 폭설로 놓치고 동북 삼성과 고구려 옛터를 둘러보았다. 동북삼성의 고구려 유적에 만족했다.

 여행의 진수는 2016년 뉴질랜드 밀포드 트레킹이었다. 칠순이 되었다고 세 아이가 여행비를 모아 희망지를 택하란다. 아내가 한창 등산을 좋아하다가 밀포드 트레킹 이야기를 들었단다. 나도 뉴질랜드는 관심이 갔다. 12월 예약을 하고 북섬에 지진이 크게 있어 단체여행 15명에서 10명이 포기하고 두 집 부부와 50대 아가씨 5명이 혜초여행사 주선으로 트레킹 여행이다. 여행기는 블로그 '동지와 하지를 넘나들다'라는 제목으로

'퀸스타운 와카티프호수 동지와 하지는 6개월의 시차를 가진다.'라는 제목으로 시작한다. 퀸스타운에서 1박을 하고 밀포드 트레킹에 100명의 출발이었다. 일반인 신청 50명과 트레킹 코스 개발 관광사 배정 50명 중 세계 각국 39명의 우리 일행이 포함되었다. 관광 신청자는 밀포드 산장을 이용하지만, 일반인은 별도 숙소가 있다. 우리나라는 겨울이지만 뉴질랜드는 하지로 여름을 맞는다.

밀포드는 매일 비와 눈 덮인 산으로 3박 4일을 걸었다. 산장에서 하룻밤을 지내고 다시 걷기이다. 젊은 일행에 우리 부부는 노인에 가깝다. 마이터픽 산장에 도착 마지막 밤을 지냈다. 남섬의 마운트쿡 아오라키산의 빙하호수, 북섬의 퉁가리로 유황산의 트레킹 또한 잊을 수 없다. 진정한 여행은 가이드가 이끄는 데로의 안내가 아닌 발로 뛰는 여행의 기획이 돋보인다.

농사에 빠져 부부 동행의 베트남, 이태리, 스페인 여행까지 아내 혼자 보내고 코로나 시국으로 가고 싶어도 나가지 못한다. 2024년 몽골의 초원 이야기로 근래 나라 밖 여행이 있었다. 터키와 그리스, 남미를 다녀올 기회가 있을까?
여행 그것 살아있음에 감사하는 기회이다.

# 터! 동북삼성 그 의미를

1. 번갯불에 콩 구워 먹기로서니_2015. 09. 30.

아침밥을 재촉하여 농장에 나섰다. 5일 동안 못 돌볼 농장에 닭장의 사료와 물 공급 외에도 어제 확인한 팥 수확을 마쳐야 한다. 내일은 비가 온다니 손길이 더 바빠진다. 비닐 집에 들어서니 1주 전 베어 세워둔 참깨의 꼬투리가 많이 벌어져서 털기로 했다.

'깨 쏟아진다.'란 말이 있지만, 좔좔 쏟아지는 참깨 털기는 해보지 않은 이는 그 기쁨을 표현하기 어렵다. 포장을 펼치고 깨를 턴 뒤 다시 털기 위해 깻대 묶은 끈을 조여 세웠다. 오후 2시까지 인천공항에 가야 하기에 농장에서 늦어도 10:30까지 출발해야 한다. 백두산 천지 여행 계획이 있기에 마음은 더 급하다.

팥을 심은 게 많지 않지만, 가뭄에 더 굵어지지 못하고 익었다. 꼬투리가 터져 붉은 팥알이 흩어진 것도 있다. 주울 틈이 없다. 팥 대를 뽑아 손수레에 싣고 두 번을 비닐 집에 옮기고 나니 10시 반이다. 닭장에 물과 사료를 넣고 보니 녹두가 익어 마음에 걸린다. 눈에 뜨이는 익은 꼬투리를 뜯어 쉼터 안에 펼쳤다. 자유로를 달려 집에 도착하니 떠날 준비를 하고 있다.

내가 해외 여행길의 인천공항 이용의 처음이 2005년인가 보다. 호주 교육연수 길이었다. 그 뒤 필리핀. 유럽, 일본, 싱가포르에 가며 인천공항을 거쳤다. 일산에서 공항버스를 타면 50분 이내이다. 어느 외국 공항보다 일 처리가 빠르고 깨끗하다. 국제화 시대 명실공히 대한민국의 관문으로 손색이 없다. 선진국이라는 일본 하네다, 영국 히드로 프랑스 드골공항보다 한 수 위다.

오후 4:30분 기내에 들어서서 5시경 대련 공항으로 출발이다. 200여 좌석에 빈자리가 50여 석은 되나 보다. 이번 여행을 주선한 이는 성남에 살 때 아이들로 만난 인연이 이어진 30년 지기이다. 패키지 관광으로 저렴한 가격이라는 연락으로 우리 팀은 3 여행사가 모은 16명이다. 수도권의 부부들이었다.

황해 상공 인천 시내가 시야에서 사라지자 7800m까지 올라간다. 비행시간 한 시간 남짓이니 서울에서 제주까지보다 조금 더 걸린 시간이다. 대련 시가지가 보이더니 착륙을 알린다. 시각이 우리와 1시간 시차로 오후 5시였다. 현지 가이드를 만나 버스에 올랐다.

대련 시가지를 벗어나는데 퇴근 시간과 맞물려 마냥 더디다. 설명에 의하면 중국은 10월 1일부터 7일까지 국경절 연후로 지방으로 나가는 차들이 많은 이유도 있단다. 고속도로에 들어서기까지 많은 지체가 있었다. 차들은 틈만 나면 역방향 차선으로 질주하는 운전자 마음이다. 그런데도 사고를 거의 볼 수 없다. 가로수는 수양 버드나무이다.

어둠을 달려 여섯 시간 단둥에 들어서면서 빗방울이 보인다. 한국에도 10월 1일부터 비가 온댔지. 가이드의 사전 답사가 없어 밤중 길을 한 시간 남짓 헤맸다. 사전 사과도 없이 변명으로 일관하는 가이드에게 신뢰가 무너졌다. 큰소리가 오갔으나 여행객들도 자제하기로 했다. 우리 시간 2시가 넘어 빗소리를 들으며 잠자리에 들었다.

2. 조선족이 많이 산다는 _2015. 10. 01.

낯선 곳의 호텔 밖 빗소리는 여행객의 마음을 가라앉힌다. 빗소리와 차가운 공기에 밤잠을 설쳤다. 아침 커튼을 젖히고 창을 보니 어제 환기하려고 열어 둔 창을 닫지 못한 탓이었다. 창을 닫으니 빗소리가 들리지 않는다.

중국의 행정구역으로 동북 삼성이란 우리를 우울하게 하는 요령, 길림, 흑룡강성을 말한다. 역사를 조금만 알았던 사람은 바로 고구려와 발해의 영토임을 짐작할 것이다. 광활한 만주에서 기상을 자랑하던 조상께 면목이 없다. 어쩌다 고려에서부터 잃어버린 영토에 대한 회복을 잊고 살아왔던가.

아침 식사를 현지식으로 마치고 전세버스에 올랐다. 차창 밖은 빗줄기가 약간 굵다. 가이드가 마이크를 잡는다.

"오늘 일정은 단둥에서 압록강 유람선을 타고, 끊어진 철교를 오른 뒤 환인시와 통화에 투숙하는 과정입니다. 비가 내려서 유람선이며 철교 걷기가 불편할 듯싶어 마지막 일정과 바꾸면 어떨까, 합니다. 두만강 중류인 집안시와 광개토대왕릉, 장수왕릉, 귀족 무덤을 보고 통화시에 숙박하는 것입니다. 의견이 모이면 일정을 교체합니다."

잘 모르는 길을 안내에 따를 수밖에 없다. 중국도 고속도로는 잘 건설한 것 같다. 길가에는 가도 가도 옥수수밭이다. 사이에 조금씩 담배밭이 보인다. 위도가 높은 곳임에도 사과밭과 복숭아밭도 보인다. 가로수는 노나무를 심었다. 중국에는 우리나라 헛개나무가 약재로 쓰이는데 중국에는 노나무가 약재로 많이 쓰인다는 말이 생각났다. 가로수의 밑동에는 1m가량 흰 칠을 했다. 야간 가로등이 없는 곳에서 통행에 도움이 된단다.

마을을 지나며 중국인 거주 주택과 조선족의 주택이 한눈에도 비교가 된다. 중국인 가옥은 벽돌 벽이나 타일 벽에 붉은 지붕이지만 조선족의 주택은 벽이 흰 페인트를 발라 조선족임을 나타낸단다. 북쪽임에도 벼농사를 많이 짓기에 벼가 익은 논이 나타나면 근처에 조선족이 살고 있음을 짐작게 한다. 또한, 오미자나 인삼을 심어 그 근면한 혈통을 짐작게 한다. 조선족 마을은 특수작물 재배로 주택의 모양에서도 더 나은 생활을 보인다. 우리나라 농촌에서도 원예나 특수작물을 하는 농가는 사는 게 윤택하다. 집안시 가까이 가로수는 회화나무이다.

여섯 시간 가까이 버스를 타고 집안시에 들어서며 오른쪽이 압록강 중류로 접경도시로 북한의 무산시 이다. 초소가 보이고 민둥산에 옥수수가 심겨 있다. 그곳은 광산 도시로 높은 굴뚝이 북한의 타이어 공장이란다. 군데군데 울창한 곳은 북한의 요인이 지난 곳으로 벌채는 할 수 없단다.

집안시는 고구려 국내성터가 남아 있는 곳이다. 성벽이 온전히 남아 있는 곳은 거의 없다. 가까운 곳의 광개토왕비와 능을 관람했다. 중국은 이 일대를 세계문화유산으로 등록하여 관광객을 받고 있다. 비각 건물을 세웠으나 근접 사진 촬영은 금하고 있다. 남쪽 100여 m 떨어진 곳에 호태왕(광개토대왕의 재임 시절 호칭)의 릉이 자리하고 있다. 1ton 가량 4각의 돌을 쌓고 석실에 시신을 안치했단다. 석축은 많이 허물어지고 석실은 중국에서 모형으로 조성한 거란다. 건너편 강 너머 무산시가 또렷하다.

비각과 릉에 울타리를 만들고 곳곳에 화단을 조성하였으나 조잡하다. 비각에서 릉까지 길에는 수양벚나무로 가지가 늘어진 나무를 심었다. 전시관에는 비각의 발견 당시 모습과 4면의 탁본이 있다. 중국을 호령하던 대왕의 늠름한 기상은 6.3m 높이의 거대한 비석이 대신하고 있다.

### 3. 통화의 밤 터 3신_2015. 10. 1.

길을 서둘러 통화로 향했다. 가는 길은 비류수(지금 중국 명칭으로 혼강)를 끼고 가는 길이다. 비는 그쳐 파란 하늘이 보인다. 내일 백두산 관광이기에 맑은 날씨이기를 동행인은 모두 기원하였다. 바람이 왜 그리 심한지? 낙엽을 재촉하나 보다. 단풍이 곳곳이 곱다. 한참을 달리다가 전봇대가 넘어져 전깃줄이 길을 가로막고 있다. 승용차들은 전깃줄 밑으로 지나지만, 우리가 탄 버스는 차체가 높아서 지날 수가 없다.

가이드는 옆집 문을 두드리고 나뭇가지를 빌려와 전깃줄을 올리나 힘에 부친다. 남자 승객들이 나가서 힘을 보탰으나 어려워서 한 승객이,

"우리가 전깃줄을 밟고 있으면 넘어가면 어때요?"

운전기사와 합의가 되어 여러 사람이 나가 줄을 깔고 지나갔다. 행정기관에 연락을 취한대도 어느 세월에 해결될지 모른다. 30여 분 지체되었지만, 모두의 지혜를 모은 결과였다. 차가 통과되자 모두 박수가 터졌다. 한적한 곳이라서 차량 통행이 잦지 않았다.

통화에 도착한 것이 어둠이 내리는 6시였다. 이곳은 북쪽의 도시로 야간 조명이 볼만하였다. 강변을 중심으로 설치된 장치는 11시면 꺼진단다. 저녁 식사 장소인 묘향산 식당에 들렀다. 북한에서 운영하는 식당으로 공연이 곁들여진다. 중국의 식당은 아침 호텔의 식사는 뷔페식이고 현지식은 원탁에 가운데 음식을 놓고 먹고 싶은 음식을 접시에 담아 먹는 방법이다.

이 식당의 음식은 다른 곳보다는 덜 짜다. 뷔페식에서 먹을 만하다고 좀 더 집었다가 짜서 버리기 일쑤다. 이곳에선 생선이 놓이고 냉면이 곁들여진다. 한국 관광객이 들려가는 곳인지 다른 팀의 목소리가 눈살을 찌푸리게 소란하다.

한 시간 뒤 한복을 입은 무용단의 공연이 있었다. 한결같은 북한 특유의 창법이다. 공연을 이끄는 사람이 우리의 소녀시대나 아이돌 기법을 쓴다면 더욱 환영받지 않을까? 우리 음악계에선 고전도 퓨전을 곁들인 다양한 장르를 시도하는데…….

숙소에서는 다음날 4시 반 기상 다섯 시 아침 식사로 다섯 시 반 백두산으로 출발이라고 바로 잠자리에 들었다.


4. 백두산을 향한 마음_2015. 10. 02.

일찍 나서는 모습들이 잠에서 벗어나지 못한 모습이다. 4시간 반이 걸릴 여정이란다. 동화 시가지를 벗어나며 20여 분 뒤 백두산시로 탄광지대이다. 70여 개의 탄광이 있단다. 제철소가 있고 화력발전소가 두 군데나 있단다. 길가의 풍경이 연탄 공장 주변을 연상하게 하였다.

　백두산 천지를 오르는 길은 4가지란다. 북파, 서파, 남파는 중국에서 오르는 길이고 동파는 북한에서 오르는 길이란다. 동파는 북한을 경유하여 오르는 천지 길이 우리 금강산 관광을 열면서 합의한 백두산 관광이 북한에서 서둘러 고속도로를 놓고, 케이블카를 설치하였단다. 남파는 전체가 북한 땅을 이용하여 오르는 것이 아니고 북한령을 3/1 정도를 밟기에 북한에 이용료를 낸단다. 개통된 것이 4년째란다. 이런 상황을 보면 중국에서는 케이블카도 없이 백두산 관광에 열을 올리고 있나를 파악된다. 가이드는

"통일이 되어 북한을 이용하면 남의 나라에 돈을 내는 중국 경유 관광을 하는 것보다 보람 있겠죠? 하루빨리 그날이 오기를 기도해야겠습니다. 사실 백두산에 오르면 떳떳하지 않나요? 백두산의 이름처럼 천지를 오르는 데는 백번 올라 두 번 가능하다는 말이나 3대가 덕을 쌓아야 천지를 밟을 허락이 된다지요? 어제저녁 간절한 소원을 빌었다면 오늘 천지가 열릴 것입니다."

　강원시를 지나며 고속도로로 들어섰다. 10월 1일 개통된 '무송현고속도로'란다. 도로변의 조선족 마을이 있는 곳은 비닐집이 많이 눈에 띈다. 도로변에서 비닐 집의 변모를 볼 수 있

다. 북쪽면을 벽을 쌓아 파이프를 얹어 비닐을 씌우던 형태가 최근에는 벽을 넣지 않고 파이프를 쉬어 비닐을 씌운 형태다. 오미자밭과 삼포도 눈에 띈다. 산의 능선까지 옥수수밭이 펼쳐져 있다. 일행 중 한 분이,

"조선의 DNA는 다른 민족과 다른가 보죠? 러시아 중앙아시아에 버려진 사람들도 지금은 그 명맥을 이어 벼농사와 목화농사로 그 부지런함과 생존력을 과시한다지요. 이 추운 곳에서도 논벼가 자라는 곳에는 조선족이 산다니까요."

송강하 마을은 6·25가 끝나고 이주한 북한인들이 모여 사는 곳이란다. 중국의 농촌들도 빈집이 많이 보인다. 집단농장이 붕괴되어 가며 연이은 폐가들이 많이 보인다. 비닐 집과 오미자나 인삼재배를 한다면 생활이 훨씬 윤택하겠다.

십자 길이 가까워지며 흰머리의 백두산이 언뜻언뜻 보인다. 고속도로가 끝나고 십자 길은 왼쪽으로 북파, 오른쪽은 남파, 직진은 서파라는 중국 이름 장백산으로 가는 도로이다. 주변의 산은 자작나무와 소나무 숲인데 아름드리나무들이 보이지 않는다. 1980년대 장백산 일대의 큰 태풍으로 큰 나무들이 모두 쓰러져 새롭게 조성된 30년이 못 된 수령의 나무들이란다.

고속도로로 예정시간의 50분가량 단축되었단다. 예약된 곳에서 이른 점심을 먹고 백두산으로 향했다. 연휴를 맞아 주차장에서 매표소까지 발 디딜 틈이 없다. 일행의 끝을 제대로 따

르지 않다가는 미아가 되기에 십상이다. 가이드의 신경이 날카 롭다. 매표소를 들어서 셔틀버스로 이동한다. 출발하면서 길가 는 눈이 조금씩 쌓여 있다. 셔틀버스가 천지로 바로 가야 하는 데 금강 협곡을 먼저 관람하고 다음 가겠단다.

금강대협곡

백두산 화산 폭발로 용암이 분출된 V자 형태의 계곡이다. 2001년에 산불로 인해 진화 작업을 하다가 우연히 발견되었다 는 이 협곡은 깊이 약 700m 폭이 약 200m 길이 15km로 동양 의 그랜드캐니언이라 불릴 정도의 서파 길의 명소다. 셔틀버스 에서 내려 협곡으로 일방통행 길이다. 아득한 골짜기에는 천지 에서 흘러온 물이 흐른다. 물이 깊은 곳은 파랗다. 바닥은 눈이 녹아 있지만, 계곡 중간중간에 잔설이 있다. 기암괴석이 솟아 갖가지 형상을 연출한다,

협곡관람이 끝나고 나오는 곳에 우리나라에서 연리지라는 자작나무와 소나무의 뿌리에서 하나 된 나무가 있다. 이건 가 지가 합쳐진 게 아니고 뿌리가 하나 된 것이니 연리근이라 해 야 할까? 고목으로 넘어진 아름드리들이 많다.

셔틀버스 종착점에 모인 일행의 얼굴들이 어둡다. 중국 정부 에서 어제에 이어 오늘도 천지 관광을 중단했단다. 눈이 많이 내려서 셔틀버스 운행이 중단됐단다. 일행 중 인천의 등산 동

호회원 6명은 걸어서라도 가겠다지만…… 이번 여행의 가장 핵심이 천지였는데 날벼락이지. 항의에 거친 입씨름들이 오갔으나 중국 정부에 항의가 가당치나 한 것인가?

## 5 고구려의 원류 졸본성

이번 여행의 두 번째 설렘이다. 첫째는 당근 백두산 천지였는데 통제로 코끼리 다리만 만진 격이다. 통화에서 북서쪽으로 두 시간을 달린다. 건너는 다리는 모두 비류수의 중 상류란다. 산천은 가을이 무르익고 있다. 오늘의 들판은 너더댓 시간 옥수수밭을 지나던 풍경과 달리 누렇게 익은 벼 논이 펼쳐져 신기하다. 그만큼 조선족이 많이 산다는 증거이다. 그들의 꿈 속에서도 고구려의 고토 회복에 대한 오랜 염원이 있지 않을지?

> 졸본 : 고구려의 5 부족(部族) 중 계루부(桂婁部)가 위치한 지역으로, 광개토왕의 비문에는 '홀본(忽本)'으로 되어 있다. 《고기(古記)》에는 "東明帝繼北夫餘而興 立都于卒本州 爲卒本夫餘"라는 기록이 있는데, 졸본은 북부여의 시조 해모수(解慕漱)의 옛 도읍으로서 발해의 솔빈부(率賓府), 금(金)나라의 휼품로(恤品路)에 해당하며, 현재의 쑤이펀강[綏芬河] 남서 지방으로 추측되고 있다. 고구려는 서기 3년(유리왕 22)에 도읍을 졸본에서 국내성(國內城)으로 옮겼다.
> _naver 지식인에서

고구려의 도성은 내성과 외성으로 구성했다는 국사를 공부할 때 익힌 것이 생각난다. 그때는 실감하지 못했는데 '백문이 불여일견'이라 했던가? 그 실체를 확인할 수 있었다. 고구려 시조 주몽의 첫 도읍지인 졸본성에 외성은 해발 900m 이상의 산성이다. 외성의 역할은 주 생활이 내성에서 생활이 되다가 외적의 침입 등 위기에 처했을 때 임시 거처로 항거할 터이다.

외성 안에는 한동안 대처할 샘터가 있어 사람과 말의 물을 먹이고 빨래까지 할 수 있는 장소가 갖춰져 있다. 매표소에는 고구려박물관이 있어 집안시에서 관광한 국내성 주변의 광개토대왕비와 장수왕릉에 대한 것까지 모형을 전시하였다. 우리의 지방국립박물관의 진열보다 열악하다. 능의 유물과 무덤의 변천 등 그 생활사를 엿보기에는 부족하다.

박물관에서 나와 셔틀버스를 20여 분 타고 올라야 한다. 출발지는 졸본성에 대한 안내보다 오녀산성에 더 강조하고 있다. 오녀산성은 고구려가 멸망하고 잊혀갈 무렵 청나라 황제가 이곳을 중국의 신화를 만들어서 시발점으로 오녀산성이라 이름하고 산성 안의 샘터를 천지라고 하였다. 중국에 천지가 2개인 셈인데 백두산을 그들은 장백산이라 한다.

셔틀버스에서 내려 가파른 산의 돌계단을 980여 층을 힘들게 오른다. 계단이 시작되는 곳부터 중앙 가파른 돌계단이 있고 오른쪽, 왼쪽 비스듬한 오름길을 내어 오름을 쉽게 하였다. 두 사람 정도 통행이 가능한 폭인데 관광객이 가득하다. 어찌 이런 쐐기 원리를 생각했나 감탄했다. 내려오며 18단이란 표지석이 있어서 읽어보니 한자와 한글 안내가 있었다. 고구려 시대부터 닦아진 길이란다.

 산을 오르는 일에는 누구에게 뒤지지 않는 걸음이지만 몇 차례 숨을 고르며 서문에 도착하였다. 자칫 인파에 묻히면 줄을 놓치겠다. 전망대 쪽에 올라 댐과 휘도는 강줄기를 볼 수 있다. 비류수에 댐을 만들어 고분들도 많이 수장되었단다.

 중국인들의 시조 탄생이라는 오녀산성의 너른 능선엔 억새밭을 만들었다. 200여 미터를 더 나아가니 천지라는 표지석을 세운 천지이다. 좀 더 나아가 식량창고 터와 주거지 흔적이 있다. 고주몽의 궁터인지 모르겠다. 동쪽 전망대는 비류수를 확실하게 볼 수 있다. 가파르게 오른 산 위에 넓은 평지와 물까지 얻는 견고한 요지를 얻은 것이 신기하다.

 천지에 세워진 50여cm 조형물 주변에 동전을 많이 던졌다. 산성을 내려와 20여 분 걸려 환인시에서 점심을 먹었다. 현지식이지만 음식 맛이 처음 입에 맞다. 간이 맞아 콩나물무침을 세 번 신청 했다가 퇴짜 맞았다. 우리의 터, 강 윗대 조상의 환인-환웅-단군의 계보가 떠올라 중국의 동북공정도 오랜 지명을 바꾸지 못하는구나 하는 뿌듯함이 일었다.

6. 압록강에 배 띄우고 신의주가 지척인데 터 6신_2015. 10. 03.

환인시를 떠나 차창으로 졸본 산성을 다시 보는 착잡함이 있다. 단둥에서 압록강 유람선을 타야 하니 버스는 고속도로를 쉼 없이 달렸다. 단둥 외곽에는 사과나무와 배나무에 수확을 기다리는 과일들이 주렁주렁하다. 중국의 북한과 국경 도시들은 압록강 중류의 집안이나 하루인 단둥은 물자교류가 활발하니 윤택해 보인다.

단둥의 건너가 신의주이다. 압록강 하류는 비류수와 합수된다. 비류강의 하구에서 바로 압록강 가의 도로이다. 안동의 높은 건물들과 신의주의 낮은 건물들에서도 그 생활이 짐작된다. 유람선을 타는 곳을 가는 중에 호산장 성이 있다. 고구려에서는 천리장성의 시발점이라 하였고 중국에서는 만리장성의 출발점이라 한단다. 국경절이라 얼마나 많은 인파가 나왔는지 버스 10분 이내 거리가 40분 이상 걸렸다.

유람선 승선 대기도 넘친다. 압록강 유람선은 위화도를 바라보며 40여 분 승선이다. 승선 3/2 거리는 북한 영토라서 양쪽에 북한 경비병을 관측할 수 있었다. 배에서 거리도 '여어이' 부르면 대답하고 나올 거리다. 사진을 찍는 승객에게 돌을 던지기도 한다.

내가 농장에 다니는 길이 자유로라서 임진강 건너 개풍군 마을과 개성의 뒷산인 국사봉 능선이 보인다. 바라보는 그 마음과 압록강에서 바라보는 위화도와 신의주에 대한 마음이 다르다. 어쩌다 분단국에서 중국 땅으로 돌아 바라보아야 하는가? 통일은 정말 요원한 것인가? '통일 대박'을 큰소리치는 위정자는 진정 통일을 위해 무슨 조치를 했는가. 모든 잘못은 북한으로 돌리는 걸 보면 말로만 국민을 기만하는 것 같다.

유람선의 반환점에서 배가 멈춰지고 작은 발동선이 다가선다. 북한 주민의 외화벌이란다. 북한 담배를 들어 보이며 한 갑이 우리 돈 1,800원 정도이다. 다음은 술, 인삼 담금술, 산삼 등 거래가 이뤄진다. 한화나 달러는 통용되지 않고 중국 원화만 받는다. 거래는 15분 정도로 에누리도 가능했다. 상인은 남루한 복장에 고무신을 신었다. 북한 경비병이나 선박 관계자에게도 거래가 있어야겠지. 우리 인솔자도 중국 화폐가 필요한 이에게 10원(元)을 2,000원에 바꿔준다. 북한산 고사리, 북한산 참깨, 땅콩, 말린 블루베리 등을 여행객들에게 주문받아서 즉석 거래가 이뤄진다. 북한산 참깨가 5kg에 35,000원을 받으니 국산과는 3/1 가격도 안 된다. 중국산만 아니라면 괜찮은 가격이다. 한국에서 참깨가 6kg 12만 원을 호가한다.

강변의 곳곳 초소가 있고 숨겨진 초소가 더 많을 거란다. 북한 주민은 접근이 불가하고 경비병이 탄 경비정과 보초를 선 북한 경비원의 모습이 눈에 띈다. 북한에서는 외화벌이 단으로 200여 명을 아침에 단둥에 실어와 노동일을 시키고 저녁에 들어가는 일도 있단다.

저녁은 북한인이 경영한다는 식당에서 삼겹살을 구웠다. 다른 음식점과는 다르게 짜지 않아 반찬이 금방 동났다. 우리 소주가 이곳 식당에서는 우리 음식점 가격과 같게 판매되고 있었다.

숙소는 단둥역 옆의 광장에 모택동 동상이 내려다보이는 곳이다. 중국의 마지막 밤이라고 동료들은 거리 구경에 나섰으나 백화점들은 저녁 8시도 안 됐는데 문을 닫았다. 선술집들이 있어 들렸으나 위안화만 받는다. 다양한 고기의 꼬치구이들이 많다. 우리 친목회원과 인천에서 오신 사 사장이 중국 무역을 하여 중국 습성과 말이 통하여 한결 쉬었다. 함께 몇 순배 잔을 비우고 국경의 밤을 지냈다.

### 7. 압록강단교_2015. 10. 04.

3일의 강행 여행이 힘들었나 보다. 단잠에서 깨어보니 5시가 넘은 환한 아침이다. 참 중국과 우리나라의 표준 시차가 한 시간이라는 것을 이야기하지 못했다. 우리보다 한 시간 늦다는 것이다. 우리 표준시도 동경 기준으로 하다 보니 한 시간의 차이가 난다. 내 시계의 중국 표준시를 맞추지 않아 한국 시각 7시인 것이다.

객실의 커튼을 여니 모택동 동상이 햇살에 반짝인다. 호텔의 옆이 단둥역이라 기적소리도 들린다. 오늘이 중국 여행의 마지막 날에 5시간가량의 버스를 달려 대련 공항까지 가야 한다. 단둥에서의 마지막 일정인 압록강 단교 관광에 한 시간가량 남았기에 아침 식사를 서둘러 호텔을 출발했다.

 압록강 변에 나설 때마다 신의주 쪽을 볼 때마다 마음이 시리다. 단교는 중국의 관광지로 이른 시각인데도 인파로 북적거린다. 단교는 중국이 우리 한국 전쟁에 김일성의 요청으로 중공 10만을 파병하여 미군이 폭격하여 철교가 두 동강 나서 단교란 이름으로 보존되었다. 단교에 올라서 끊어진 철교의 모습이 있는 곳까지 신의주 쪽을 바라볼 수 있다. 역사적 현장이겠지만 한국인이 관광지로 둘러볼 것인가라는 착잡함이 사무친다. 강 위쪽으로 새로 놓은 철교 사이로 위화도가 보인다.
 단교 반환점을 돌아 철교에 올라선 곳에 거대한 동상이 있다. 한국을 향한 중공군이 진군을 형상한 동상이다. 모두 사진에 담느라 야단이다. 저런 모습을 담아서 뭣하나 라는 생각이 들어 사진기의 셔터도 누르지 않았다. 거기에 중공군이 신의주를 향해 어깨를 들어 손가락으로 가리키며 진군하는 모습이 있다. 우리 일행 중 젊은 여자들이 사진을 찍으며 손가락으로 진군하는 모습을 하며 사진에 담는 모습에 눈살이 찌푸려진다. 역사가 어떤 것인지 설명의 내용도 모르는 철부지들의 행동이다. 중공이 한국 전쟁에 가담하지 않았다면 우리가 나흘 동안 중국을 돌아 여행하지 않을 통일이 되지 않겠는가?

이번 여행을 주선한 조 박사는 군무원 출신으로 철교 위에선 우리 강토를 향하여는 연신 셔터를 누르더니 중공군 진군 흉상 앞에서는 발길을 돌렸다.

"우리가 이 철교를 방문은 했다 해도 저 앞에서는 사진을 담을 수 없잖나요? 저들 때문에 우리가 70년 아픔을 보듬고 사는데…"

일행이 집결되기를 기다리다가 위화도를 가까이 보고 싶어서 강둑의 철교 아래로 나아갔다. 위화도! 최영 장군의 위화도 회군이 있고서 김일성의 백두산 천지의 국경 조정에서 위화도를 북한에 내준 거란다. 지금은 북한령으로 북한 경비병을 본 곳이다. 위화도에는 현재 북한의 군인 가족이 거주하고 있단다.

버스는 대련 공항을 향해 고속도로에 들어섰다. 보통 때는 고속도로 이용 승용차들이 거의 보이지 않는단다. 국경절을 맞아 1일에서 7일까지 7인승 이하 승용차는 고속도로 통행료를 면제하여 통행량이 늘었단다. 차는 끝이 보이지 않는 평야지를 달려 나간다. 옥수수밭이 전혀 없는 것은 아니지만 남쪽이라서인지 벼논이 많다.

연암 박지원의 '연행록'이 생각난다. 선생은 말을 타고 북경까지의 길이었으니 좀 더 자세히 관찰하여 기록하였을 것이다. 일부의 접객인 만남에서 얻어진 이국의 풍경 기록이었다, 나의 기록은 지나는 모습과 안내의 설명, 자신의 상식에서 기록하는 것이니 얼마나 부족할 것인가?

대련을 10여km 앞두고 오른쪽에 산성이 보인다. 비사산성은 고구려 광개토대왕의 기록에 나타나는 천리장성 일부란다. 성루가 보인다. 이번 여행이 동북 삼성역사 기행임에 중국이 처음이지만 자랑스럽다. 중국을 수차례 갔다 왔다는 이도 '장가계' '만리장성' '황산' '계림'을 말하지만 그런 곳보다 역사의식을 키울 생각이라면 동북 산성을 권한다.

## 동지와 하지를 넘나든 뉴질랜드 신비의 땅
(1916. 12. 13~24)

동지와 하지는 6개월의 시차를 가진다. 어느 영화 제목에 '8월의 크리스마스'란 이름이 있지만, 실제 '6월의 크리스마스를 겪으며 그럴 수 있구나.'라는 생각을 하게 되었다. 거기에 동지와 하지를 넘나들게 하는 기회의 덕택이다. 우리나라에서 12월 21일이 동지로 모두 알고 있듯 1년 중 밤의 길이가 제일 긴 날이다. 이 시기 나는 남반구에서 오후 9시에 해가 지는 우리와 반대의 계절인 여름 즉 하지를 경험하게 되어 생애 처음의 6개월을 넘나들었다.

자랑할 나이도 아닌 '고희'라고 자녀들의 어려운 주머니를 털은 듯싶어 미안한 마음이다. 지난 4월 가족과 친지 몇을 모아 나의 칠순 잔치를 음식점에서 가졌다.

"아버지, 전부터 고희면 책을 다시 낸다고 하시더니 어떻게 되셨어요?"

"6~7년 뒤 엄마와 만난 지 50년 금혼식이구나. 그때 우리 가족 모두의 문집을 만들면 진짜 우리 집안의 축제가 되겠다는 생각이다. 첫 책을 발행하고도 품절이 되었다만 이 솜씨로 지가(紙價)를 높인다는 부담도 있다. 그때까지 우리 집안의 책 한 권 내보자."

그리고 끝난 줄 알았는데 6월부터,

"아버지, 언제 긴 시간 내기에 적당해요? 해외여행 한번 다녀오셔요."

하였다.

사실 농사일이란 게 땅이 얼어야 잠시 틈을 낼 수 있다. 거기에 돌봐야 할 가축이 마음에 걸리지만 12월이 낫겠다는 생각이었다. 장소는 엄마와 의논하라니 아내는 어디서 들었는지 밀포드 트래킹이란다. 걷는 거야 그래도 뒤지지 않을 듯싶어 승낙했다. 9월 어느 날

"아버지, 12월 뉴질랜드 밀포드 트래킹으로 예약했어요."

하여 여행을 하게 되었다.

미리 농장의 닭장과 물, 사료 관리를 딸아이에게 체험시키고 5일 간격 사료 줄 걸 마련했다. 물이 약간 걱정되었지만, 가끔 농장에 오시는 할아버지께 부탁드렸다. 내가 돌보듯 되지는 않겠지만 관리를 준비하고 떠났다. 문제는 아이가 사료를 주려

닭장에 들어갈 때 닭이 나오면 몰아넣는 게 문제지만 그냥 놔두라 했다. 그들의 생명을 지켜주기 위한 일이지만 상당한 경험을 가진 자신도 몰아넣지 못해서 야생동물에게 뺏긴 일이 있기 때문이다. 아쉽지만 그들의 운명이라 자위했다.

출발 일주일 전 10명의 신청자가 뉴질랜드 남섬에 지진 소식으로 5명이 취소하여 한국에서 5명이 출발하겠다는 연락이었다.

1. 남반구와 북반구

'지구는 둥글다.'란 걸 마젤란은 대서양을 넘어 태평양과 인도양을 건너 다시 대서양으로 하여 귀환한 일이 증명이었다. 이 일이 1,500년대였으니 세상은 도전의 대상이었다. 그 지구는 위쪽을 북쪽으로 북극이, 아래는 남쪽으로 남극이 자리한다. 가운데 두툼한 곳을 적도라 하니 태양은 계절에 따라 북반구인 북쪽으로 치우쳐 비추며 춘분과 하지를, 그 반대인 남반구에서는 반대의 계절로 추분과 동지, 춘분의 절기를 가져온다.

우리 땅에 붙박아 살다 보면 눈과 몸에 느껴지는 것만을 생각한다. 우물 안 개구리는 그 사는 세상만을 세상이라 느낀다. 내복과 두툼한 겉옷을 걸치는 우리의 겨울인데 나가려는 뉴질랜드는 하지의 여름날이니 반 팔 옷과 반바지를 준비하였다. 센즈플라이라는 곤충의 습격으로 방충제와 얇은 긴 팔을 준비한다니. 10여 년 전 여름인 7월 호주를 나가며 출국장에선 반팔로 방문 장소는 겨울이라니 두툼한 옷의 여행 가방이 생각났다.

북반구의 밤하늘 중심은 북극성이지만 남반구에서는 남십자성이 중심이다. 바닷길이나 밤길에서 목표하는 좌표의 별빛이 다르다. 일상에서 욕조의 물이나 소용돌이의 방향이 북반구에서는 시계 반대 방향이지만 남반구에서는 시계방향이다.

퀸스타운에서 도시 중앙에 있는 와카티프 호수에서 숙소인 밀레니엄호텔이 남향인데 호수 건너편은 북향이란다. 우리나라에서는 집을 자리 잡는 방향이 남향집을 선호하여 겨울에 집안 깊숙이 햇살이 들어오고 여름엔 햇살이 처마 밑에 떨어져 선호한다. 퀸스타운인 남반구에서는 북향집이 우리 선호의 일상과 반대인 것이다.

이러한 계절의 차이는 생산되는 농산물에서도 차이가 난다. 우리나라에서 풍성한 가을일 때 남반구에서는 겨울을 지낸 온갖 꽃피는 봄이다. 북반구와 남반구의 농작물이 교류될 원인이 된다. 점차 세계는 하나 되는 모습이다. 우리 가을 과일이 넘칠 때 그곳은 귀하다.

인천공항에서 탑승하여 오후 5시 45분 출발하였다. 11시간 비행이라니 상당히 지루하였다. 우리나라와 3시간 시차를 가졌는데 뉴질랜드에서는 썸머 타임 때 4시간의 차이가 나서 도착시각이 그 나라 9시를 넘는 시각으로 오클랜드 비행장이다. 입국 수속의 검색이 철저하다. 일러준 음식물 반입이 안 된다는 걸 지켰으나 비행기 반입 여행 가방과 휴대 등산 가방에까지 샅샅이 검색하였다. 앞의 여행객이 교민으로 사는 친지의 부탁으로 고추장을 넣어오다가 검색에서 쓰레기통에 버려지는 걸 보았다. 한 시간 이상 걸리다 보니 여행사인 혜초에서 현지인으로 나온 분의 걱정을 끼쳤다.

이곳은 북섬으로 남섬인 퀸즐랜드로 가기 위해 한 시간 반의 국내 비행기를 타야 한다.

2. 자연이 우선인 나라 뉴질랜드

퀸스타운의 여름 날씨인데 12℃의 낮 기온이란다. 밀레니엄 호텔에 짐을 풀고 밀포드 트레킹 회사의 사무실에서 다음날부터의 트레킹에 대한 연수가 있었다. 밀포드 트레킹은 1일 회사의 운영 50명과 정부에 신청 50명을 하루 입장 인원으로 한단다. 한국인의 연수는 5명을 상대로 교민이 진행하였다. 영어에 서투른 내가 저들 가이드의 말을 제대로 알아 움직일까 걱정이 되기도 한다.

잠자리에 들기 전 3일간 트레킹의 가방과 마지막 트레킹 숙소에서 입을 옷을 넣은 빨강 가방, 귀국 전 가방 등 셋으로 나누고 남반구에서 첫 밤을 맞았다. 첫 밤을 보내고 일어나니 현

지시각 5시인데 밖이 환하다. 가벼운 산책 차림으로 와카티프 호수가 산책에 나섰다. 호수의 물이 맑고 차다. 호수의 건너편 마을에 햇살이 퍼지고 있다.

프랭톤 공원 안내판을 보니 강까지는 30km에 이른다. 4km 지점까지 30분 정도 간다면 호텔 숙소까지 7시 정도면 되겠다는 생각으로 걸음을 재촉하였다. 산책길에 우리나라 개승마의 덩어리 꽃송이에 작은 하얀꽃, 디기탈리스, 루핀들이 화사하다. 호수의 가운데로 반도처럼 자리 잡은 곳은 골프장이 있다는 걸 전날 들은 기억이 있다. 큰 키의 나무들은 kauri라는 뉴질랜드 원주민인 마우리족이 신성시하는 나무란다.

조금 지나니 공원에는 조깅을 하는 젊은이, 자전거를 타는 친구도 있다. 되돌아와서 호텔을 앞에 놓고도 찾다가 보니 7시 조식 시간을 넘겨 아내의 군소리를 들었다. 서둘러 아침 식사를 마치고 어제 트레킹 연수 장소인 출발점으로 갔다. 날씨는 좋으나 밀포드의 날씨는 급변한단다. 태아나우 선창까지 가는 도로에는 양과 소의 목장이 계속된다. 이번 트레킹 인원이 44명에, 가이드 4명이다. 퀸즈타운을 떠나 한 마을을 지났을 뿐 거의 목장풍경을 2시간 가량 거쳐 태아나우에 도착하였다. 점심 식사 후 선창의 보트에 승선하였다. 태아나우호수의 이름으로 주변의 지명도 함께 쓰고 있다. 호수의 좌우는 깎아지른 듯 능선을 구름이 지나고 있었다. 헬리콥터의 작업으로 30분가량 하선이 늦어졌다. 하선하는 곳에 발을 소독하는 약품이 놓여 신발을 적신다. 그러고 보면 대한항공기에서 내려 입국 과정에서 신발에 흙이 묻었는지 검사하던 생각이 떠오른다.

### 3. 4일간 밀포드 트래킹과 온대우림

하선하여 밀림에 들어선다. 밀림은 나무의 위쪽까지 이끼류가 수염을 드리운 것 같다. 이 밀림은 온대, 우림으로 세계에 세 군데가 있단다. 밀포드와 태평양 어떤 섬, 그리고 미국에 있단다. 이곳의 특징은 1년 80% 이상 비가 내린다는 것이다. 남섬이 남극에서 떨어져 나왔다는데 바위산이다. 그 바위산에 식물이 자리 잡은 것은 이끼의 덕택이다. 이끼를 매개로 나무들이 자리 잡고 트레킹 중간에 거목들이 뿌리째 뽑혀서 넘어져 있다. 밀포드에 발을 디디면서 비가 내리기 시작하여 트래킹의 첫 산장인 그래이드 하우스까지 부슬부슬 내렸다.

숙소는 4인 1실로 2층 침대다. 동행해온 유 사장 부부와 한 방이어서 가이드와 소통하지 못하는 불편을 덜었다. 유 사장 부부는 히말라야 등정 트래킹에 외국 여행이 잦아 언어의 장벽이 없었다. 짐을 푼 일행은 가이드 네 사람에 10여 명이 딸려서 산림체험에 나섰다. 알아듣지 못하는 설명이지만 이끼 사이에 핀 야생화와 움직이는 새의 설명이 있었다. 나뭇잎을 따서 맛을 보이기도 했는데 허브의 향이 나는 식용도 매운맛이 나는 나뭇잎이 있었다. 죽어 있는 큰 나무에는 버섯이 자라고 있었다. 이 땅의 원주민인 마우리족은 식물과 버섯을 이용하여 목숨을 이어왔다는 것이다.

산장의 화장실에는 샤워장과 세탁실이 있어 젖은 옷을 말릴 수 있다. 물론 전기가 들어오지만, 발전기를 이용한단다. 저녁 10시까지는 소등이 되고 난방이 꺼진다. 아침 6시 반이 되어야 전기가 가동되고 활동을 할 수 있다. 저녁 6시 식당에 모여 다음날 활동에 대한 설명이 있다. 저녁이 끝나고 만남의 시간으로 자기소개가 있다. 미국인이 단연 14명 가까이, 캐나다 8, 인도 4, 프랑스 6, 호주 7, 한국 5인이다. 4인 가족도 있고 부부가 대부분이며 싱글도 몇 명 있다.

아침에 일어나 식당으로 가서 점심 준비를 한다. 늘어놓은 채소와 버터, 잼, 베이컨, 소시지를 넣어 랩에 싼 다음 종이봉투에 과일과 초콜릿, 사탕 등을 넣는다. 뷔페식의 아침 식사를 하고 배낭을 멘다. 비가 내려 우의를 쓴다. 비가 오는 날에는 쌘즈플라이가 덤비지 않는다지만 기피제를 얼굴, 목, 손에 바른다. 스틱에 등산화에 물이 스미지 않게 각반을 친다.

숙소를 떠나 100여m 다리에 들어서기 전 신발을 소독약에 넣었다 뺀다. 손도 씻어야 한다. 길은 1m 폭에 자갈이 깔렸다. 좌우는 우림으로 나무에는 이끼가 주렁주렁하다. 3일간의 트레킹이다.

### 4. 밀포드 사운드크르즈

빙하가 녹은 계곡과 바닷물이 들어와 만들어진 피오르드랜드국립공원의 밀포드 사운드는 크루즈로 둘러볼 수 있다. 그 출발 선창인 마이터 픽 산장이 있는 곳은 우리와 같은 밀포드 트래킹으로 들어오는 방법과 퀸즐랜드에서 남섬의 동편으로 하나뿐 퀸스타운에서 300여km의 험악한 길이다.

아침에 일어나보니 비가 내리고 있다. 밀포드 5일에서 하루만 반짝했다. 이번 크루즈가 멋진 경관을 보인다는데 그 속살을 감추고 싶은가보다. 빗속에 산장에서 버스를 타고 선창에 닿았다. 선창에 우측산에 폭포였다가 그 위치가 바뀐 곳이 바위를 들어내고 있다. 퀸즐랜드에서 유람선을 타기 위해 서둘러 온 삶들로 붐볐다. 크고 작은 크루즈 선박이 여러 대가 뜬다. 밀포드 트래킹의 마지막 기착지에서 센드프라이 포인트에서 보트를 타고 들어온 바다이다. 만으로 된 바다는 넓은 바다로 15km를 나가면 호주의 동부 바다인 인도양과 더 남쪽은 남극해란다.

레이디 보웬 폭포와 스텔링 폭포는 상시 폭포이며 1200m가 넘는 깎아지른 바위산은 그날처럼 비가 내리면 산봉우리는 눈을 이고 바위산에 물줄기가 폭포로 내린다. 바닷바람이 세차 파도가 세어지며 폭포를 흘러내리는 물줄기는 날리며 눈을 만들고 있다. 바위산들도 중턱까지는 식물들이 생명을 유지하고 있다. 선상의 위층에 사진을 찍을까 하고 나갔으나 세찬 비바람으로 버티기가 어려웠다.

 크루즈 선은 풍광이 뛰어난 장소에서는 10여 분 항해를 멈추기도 하였다. 협곡이 끝나 망망대해로 나가기 전 배는 되돌아서며 바위에 한가로이 놀고 있는 물개들 가까이 여행객이 관찰하도록 하였다. 맑은 날이었다면 풍광은 좋았겠지만 수많은 폭포는 접하지 못하였을 것이다. 한 시간 반 정도의 선상 여행이 끝나고 선창으로 돌아왔다. 트레킹 일행은 가이드와 퀸즐랜드로 돌아간다. 5일 동안 무언의 시간 헤어지기는 섭섭함으로 넘쳤다.

 우리 한국인 5명은 일행과 헤어지며 여행사 가이드와 합류하였다. 남섬의 민웅기 가이드는 남섬 북쪽 도시 크라이드 서치에 살면서 중형차를 끌고 800km 가까이 내려왔단다. 우리말에 귀가 뚫리는 순간이었다. 차에 공항에서 찾을 가방까지 인수하여왔다. 퀸스타운으로 돌아오는 산악의 긴 '호머터널'을 통해 열려있다. 1954년 개통 편도 1270m 길이 해발 945m 란다. 이 나라 1950년대 공황을 해결하기 위해 노동자를 모집하여 곡괭이와 정으로 뚫은 터널로 이방 도로이다. 신호등에 따라 한 방향이 끝나면 반대 방향 차들이 통행한다.

 실버 펀이라는 앞에 소개한 고사리류의 고비를 이곳에서는 나라의 상징으로 삼고 있다. 원주민인 마우리족의 각종 문양에 즐겨 쓰인다. 가까운 호주는 원주민인 '에버리진'을 소외시켜 현재 3% 정도라지만 뉴질랜드는 마우리족이 15% 정도로 융화정책으로 다른 면모를 보인단다. 하긴 호주나 뉴질랜드가 영연방으로 영국인의 이주로 개척되었지만, 호주는 죄수들을 보낸 거고 뉴질랜드는 인텔리들의 이주에서 이뤄졌다.

호머터널을 지나 평지에 가까운 디바이드에서 내려 900고지의 키서미트 산행이 예정되었다. 밀포드의 하이라이트 코스라는데 비가 내리고 바람이 세차다. 전날까지의 여독에 강풍에 정상의 시계가 매우 나쁘다는 하산객들의 말이다. 3/2 정도 오르다가 발길을 돌렸다. 다음 숙박지인 태아나우에 짐을 풀었다. 이곳에서는 맑은 하늘을 볼 수 있었다. 이곳 호수는 빙하가 사라지며 생긴 곳으로 수심 200m에 이르는 곳도 있단다.

아침을 마치고 다시 퀸스타운을 향했다. 퀸스타운 입구인 킹스턴 옛 철도역에서 잠시 멈췄다. 와카프 호스 끝자락으로 60년대까지만 해도 양털 수집의 중간지점으로 이 역에서 와카프 호수에 화물선에 옮겨 싣고 퀸스타운으로 하여 영국으로 가져갔단다. wlorma의 양모 수출은 중국으로 많이 나가고 국내공장에서 이용된단다. 쇠락한 철도역에 신호등과 역사의 모습은 우리나라 농촌의 모습을 연상케 하였다.

5. 농업 국가이면서 잘사는 나라

 퀸스타운의 경제는 관광산업으로 해결된단다. 관광객의 드나듦이 생활 시민의 몇십 배가 된단다. 밀포드의 트래킹이나 태아나우, 밀포드 사운드의 출발점이 그곳이다. 호수를 낀 아름다운 도시라서 여왕의 도시라는 뜻의 지명을 얻었다. 콘돌라를 타고 올라가 놀이기구와 식당가가 깔끔하다.

 퀸스타운을 떠나 변두리에 애로우타운이라는 특별한 마을이 있다. 19세기 인구는 북섬에 치우쳐있는데 남섬은 사람들이 이주할 생각을 않아서 정부는 특별 조치로 퀸스타운 근처에 금광이 있는데 첫 개발자에게 상금을 걸었단다. 이때 한 모험가는 결국 사금광을 발견하여 상금을 받고 일확천금을 얻어서 부자가 되었다는 소문이 났다. 너도나도 모여들기 시작한 애로우는 번창하였다. 그때의 시가지 모습을 유지하여 관광객을 유지 볼거리를 제공하고 있다.

 이어서 세계 최초 1989년 시작되었다는 번지점프장인 카와라우 점프장을 거쳤다. 다음 고속도로변에 포도 농장이 이어진다. 이곳 생산되는 포도는 이 나라 유수의 와인 생산용이란다. 포도 농장 가에는 장미가 심어 있다. 우리나라 농장에는 장미원이 아니고서는 장미를 잘 심지 않는다. 진딧물 매개 식물이라는 거다. 이곳에서는 역으로 병충의 번지는 예찰을 위한 방법이란다. 어느 만큼 발생에 따라 농약 살포가 이뤄진다는 것이다. 과수 농장이 계속되는 휴게소에 둘렀다. 여름이 되어가며 체리, 복숭아, 사과, 유럽배 등 시중보다 싼 가격이다. 시식용으로 내놓아 손님들이 맛을 보고 구매한다.

뉴질랜드가 국민소득 40,000불이 넘는단다. 세계 복지국가를 이룩한 것도 100년 이상의 역사를 가진 부러운 나라다. 영국에서 이민 온 개척자들의 노력이 많겠지만 원주민과 갈등을 조절하면 축산업을 일으키고 영국이라는 모국의 농업생산물 수출이 있었다. 인구의 몇 배가 넘는 소와 양, 사슴을 키우면서 풀 사료로 키우는 청정지역을 자랑한다. 항생제가 없는 자람이니 행복한 가축들이다.

한참 뒤 남섬의 북쪽과 서부 아오라키 산으로 빠지는 삼거리가 있다. 이곳의 양 중에 그 털이 빼어난 뿔이 굽은 메리노 양의 산지임을 나타내는 동상이 있다. 길가는 주로 양을 치는 목장이다. 자라고 털을 깎은 무리를 따로 관리하기에 목장을 분리하였다. 관리는 훈련된 개에 의해 몇만 마리까지 방목한단다. 최근 가축에서도 고가의 모직을 생산하는 '알파카'로 바뀐다.

한참을 달려 빙하 호수가 나타나고 멀리 눈에 덮인 쿡산인 아오라키 산을 전망하는 곳이 있다. 이곳에서는 해발 3000m가 넘는 몇 개의 산에서 흘러내린 만년설로 다섯 개의 호수가 있단다. 그의 높낮이를 이용하여 수로를 만들어 일부는 농업에 이용하고 낙차를 이용 수력발전을 일으키는데 이 나라 20% 전력을 생산한단다. 퀸스타운에서 태아나우 가는 길의 목장에서는 분수형 물 공급 시설을 못 봤는데 과수 농장지대가 지나면서 목초지에 분수형 물 공급 장치가 많이 눈에 뜨인다. 남섬 중부부터 섬의 서쪽 우리나라 백두대간과 같이 높은 산맥이 비를 막아 건조지대가 나타난단다.

저녁 7시를 넘겨 도착하여 호텔 들기 전 저녁을 먹었다. 방을 배정받고 다음 날 쿡산 협곡 빙하호수를 답사 예정이다. 해가 지는 3000m가 넘는 눈산에 햇살은 황금빛이다.

호텔에서 아침 햇살이 퍼지는 모습 또한 장관이다.

퀸스타운의 경제는 관광산업으로 해결된단다. 관광객의 드나듦이 생활 시민의 몇십 배가 된단다. 밀포드의 트래킹이나 태아나우, 밀포드 사운드의 출발점이 그곳이다. 호수를 낀 아름다운 도시라서 여왕의 도시라는 뜻의 지명을 얻었다. 콘돌라를 타고 올라가 놀이기구와 식당가가 깔끔하다.

6. 아오라키산 빙하호수와 남섬의 북부

쿡산과 3000m가 넘는 왼쪽의 산 사이가 후크벨리 즉 빙하계곡이다. 입구에는 캠핑장이 있어서 캠핑차들과 텐트들이 즐비하다. 중앙 건물이 취사장으로 수도시설과 의자들이 놓여 쉴 수 있다. 크리스마스 휴가철이 되어 저 많은 인파가 몰린 듯하다. 12월과 1월의 휴가가 제일 많단다.

후크벨리 입구에서 반환점인 빙하호수까지 3~4시간이 소요된다. 올라가는 길은 완만하나 길가에는 고산 특유의 키 작은 나무들이다. 남섬의 길가에 노랑꽃이 피는 나무인데 우리나라 탱자나무와 비슷하다. 그곳에서는 '코와이'라 부른다. 길가의 마가리트와 같은 꽃, 미나리아재비와 같은 식물로 잎이 넓은 식물이 많다.

멀리 만년설의 두께가 100m는 되어 보인다. 그 눈덩이가 떨어지며 눈보라를 일으키고 엄청난 소리가 길에까지 들리는데 계산해보니 4km 이상 거리이다. 올라가는 길에는 전망대가 있고 다리가 셋이 있다. 아래 흐르는 빙하수는 아주 탁한 시멘트 물과 같다. 대리석을 갈 때 나오는 물을 연상하면 되겠다. 몇십 톤의 눈덩이가 떨어지며 돌가루가 섞여서 흐르기 때문이다. 멀리 빙하호수들이 옥색으로 빛나는 것은 흘러가며 정화되었지만, 미세 돌가루가 물에 떠서 햇빛을 받기 때문이란다.

올라가는데 2시간 이상이 소요되었다. 새로 나타나는 자연의 모습을 담아가기 위해 멈추는 시간이 많다. 3754m 쿡산의 만년설에 압도되는 순간 시멘트를 풀어놓은 듯한 마지막 빙하호수다. 자세히 보니 얼음덩어리가 둥둥 떠 있다. 물가에 가서 물을 만지니 차다. 주먹보다 큰 얼음 조각을 들어 올리니 영롱하다. 눈이 쌓이고 쌓여 얼음이 되었다. 걸음을 재촉하니 내려오는 길은 한 시간이다.

호텔에서 점심을 먹는데 대기자들로 북적인다. 휴가의 시즌이 되면 이곳 숙박지를 구할 수 없어서 70~80km 밖의 삼거리 주변에서 온단다. 되돌아오는 길에 데카포 호수가의 선한 목자의 교회에 들렀다. 남섬에 오는 사람들의 필수 코스란다. 메텐지 컨트리 개척시대 양치기와 충견 개를 기리기 위한 교회란다. 성공회에서 세웠지만, 천주교, 장로교가 시간을 정해 함께 예배를 보는 작은 교회이다. 주변은 길가에 지천으로 핀 루핀꽃이 만발하다.

## 7. 건조 지대인 남섬 북부

건조지대를 달린다. 이곳은 지형상 이유로 년 강우량이 300mm 내외란다. 2시간가량 달려 남섬의 동쪽으로 접어들면서 나무들이 우뚝우뚝 서는 평야지다. 캔터베리 평원은 동해에서 거침없이 불어오는 바람으로 목장이나 가옥에는 방풍림이 어김없이 둘러쳐 있다. 국도는 거침없이 크라이 처치로 향하여 비행장에서 남섬의 여행이 끝났다.

산 사이가 후크벨리 즉 빙하 계곡이다. 입구에는 캠핑장이 있어서 캠핑차들과 텐트들이 즐비하다. 중앙 건물이 취사장으로 수도시설과 의자들이 놓여 쉴 수 있다. 크리스마스 휴가철이 되어 저 많은 인파가 몰린 듯하다. 12월과 1월의 휴가가 제일 많단다.

후크벨리 입구에서 반환점인 빙하호수까지 3~4시간이 소요된다. 올라가는 길은 완만하나 길가에는 고산 특유의 키 작은 나무들이다. 남섬의 길가에 노랑꽃이 피는 나무인데 우리나라 탱자나무와 비슷하다. 그곳에서는 '코와이'라 부른다. 길가의 마거릿과 같은 꽃, 미나리아재비와 같은 식물로 잎이 넓은 식물이 많다.

### 8. 북섬 오클랜드에서

 밤늦게 국내 항공을 타고 남섬에서 북섬의 오클랜드에 도착하여 북섬 가이드 함탁정 씨를 만나 호텔에 들었다. 일찍 타우포호수로 향했다. 오클랜드 시가지를 벗어나며 비로소 여름이라는 걸 느낄 수 있었다. 남섬과 달리 키 큰 나무들이 많다. 미국에서 수입종인 메타세쿼이아의 성장이 빨라서 미국에서보다 5배의 성장률로 조림지가 많단다. 근래에는 목재를 베어내고 목장으로 환원하기 위한 작업이 여러 곳 보인다. 우리나라보다 햇살의 강도가 4~5배라서 이 나라 국민들 대부분은 밖에 나갈 때 선글라스는 필수란다.

 타우포호수로 가는 곳에 남섬의 캔터베리 평원과 같은 평야지가 있다. '맛다맛다' 평원이 있는데 원주민 언어로 '넓다넓다'란 뜻이란다. 그곳에서는 건초로 옥수수가 재배되고 양파농장도 도로변에 보였다. 교민 중에도 원예를 생업으로 하는 분이 있단다. 평화로운 농촌에는 양 떼, 젖소, 사슴들이 보인다. 오클랜드와 멀지 않아 근교농업으로 활발한 농업이 이루어진단다.

 북섬은 남섬보다 기후가 좋아서 원주민들도 혼종이 되었지만 대부분 북섬에 거주한단다. 원주민 마우리족은 천여 년 전 쿠페라는 청년이 남태평양 섬에서 며칠간 배를 타고 처음 들어왔다가 고향으로 돌아가 살기 좋은 곳으로 안내하여 이주가 된 것으로 알려졌다. 영국민들이 옮겨온 것은 19세기인 150여 년 전이다.

 점심시간을 맞추기 위해 먼저 후카폭포를 들렀다. 타우포호수에서 흘러온 폭포란다. 높은 곳에서 떨어지는 폭포는 아니고 좁은 수로로 와이카토 강으로 흐르는 엄청난 유속을 보인다. 타우포호수는 바다 같은 곳으로 이 나라에서 제일 큰 호수란다. 호숫가에서 점심을 마치고 여유롭게 호숫가를 거닐었다. 벤치에 앉아 가져온 샌드위치로 점심을 즐기는 여행객들과 캠핑 가족이 보인다.

 세계에는 두 나라에 지열발전이 있단다. 이곳 뉴질랜드와 덴마크란다. 화산활동이 있어서 통가리로 산 중턱에도 두 군데 지열이 연기처럼 피어오르는 곳이 있다. 뉴질랜드의 남섬을 빙하에 의해 이뤄진 땅, 북섬을 화산에 의해 솟아난 땅이라 한다. 그런데 지진은 남섬의 북쪽 크라이 처치 근방에서 5년 전

일어나 지금도 복구 중이란다.

## 9. 퉁가리로 국립공원 지열과 유황호수

호숫가로 이어지는 퉁가리로 국립공원으로 가는 길도 편도 1차로이다. 다음 날의 산행을 위해 일찍 잠자리에 들었다. 이곳 호텔은 샤워실과 화장실이 오밀조밀 좁은 면적을 활용하였다. 아침 식사 후 도시락과 산행의 배낭도 최소화하란다. 퉁가리로 화산의 산행이 쉽지 않단다. 휴대 가방은 가이드의 차에 두고 버스를 타고 산행 출발지로 40여 분 갔다.

퉁가리로 산은 그리 가파른 산은 아니지만, 산행이 결코 만만한 산은 아니다. 버스에서 내려 트레킹 시작점부터 1m 내외의 잡목 숲이다. 길가의 화산재와 돌들은 우리나라 제주처럼 구멍이 숭숭 뚫리지 않은 걸 보면 역사가 짧은 걸 느끼겠다. 크고 작은 흰 야생화들이 드문드문 보인다.

분화구를 횡단하는데 1km 남짓 되는 듯하다. 다시 100여m 오르니 화산협곡이다. 바람이 드세다. 1900고지에서는 자칫 바람에 날릴 것 같다. 유황 냄새가 진동한다. 내려오는 절개가 된 곳에서는 열이 나온다. 길은 부서진 화산재로 줄줄이 미끄러져 내리나 바람은 다시 올려보낸단다. 호수가 셋이 나타난다. 해발 1886m에 자리한 유황호수란다. 곳곳에 증기가 올라온다. 다시 오름에 서니 찬바람은 피한 바위 밑에 흰 꽃이 애처롭다.

  케테타히 쉼터는 안에 들어갈 수는 없고, 마룻바닥이며 한 줄 의자에 앉아 준비한 점심을 먹는다. 잠시 쉴 수 있고 간이화장실이 마련되었다. 다음 내려오는 이들에게 자리를 내어줘야 하니 오래 앉을 수도 없고, 옷을 여미지 않으면 찬 기운으로 감기 걸리기에 십상이다. 정상에서부터 지그재그로 내려왔고 다시 되풀이된다. 오르내림이 계속되며 해발 900m 정도부터 큰 키나무의 숲이 나온다. 케테타히 주차장에 서둘러 내려온 탓에 한 시간가량을 기다려 버스가 와 아침 출발숙소로 돌아왔다.

  6시까지 다음 로토루아로 가야 하는데 정상 2시간이 소요된단다. 그때 우리가 지나온 산길이 비가 자욱하여 고봉은 눈이다. 용하게 비를 피하였다. 가이드는 속력을 더하여 30분 정도 일찍 도착하였다. 이곳에서는 보통 시속 100km로 구간 구간 권장 속도가 있었다. 과속일 경우 30km를 초과했을 때 운전을 멈추고 자동차 키를 압수해 간단다.

  로토루아의 호텔에 짐을 넣고 지열에 익힌 고기를 항이 식히라는데 저녁 식단은 지금까지 호텔식사에서 가장 뒤진다. 원주민 공연이 있는데 호기심이 가지 않는다.

## 10. 레드우드 국립공원과 로토로라 거버먼트

　원주민의 인사는 '키위'란다. 그 키위에는 여러 뜻이 담겨 있단다. 이 나라에 처음 들어온 새가 키위인데 들어오고선 활동이 적어서 날개가 퇴화되었다. 짐승들이 없던 시기에 이 새는 원주민의 단백질 공급원이 되었단다. 그러다 보니 멸종 위기종으로 국가 보호종이란다. 영어로 뉴질랜드인(들)을 New Zealander(s)라고 하지만, 다른 명칭으로 kiwi(s)라고도 한다. 백인에 한정하는 경향이 있는 듯하지만, 꼭 그래야 한다는 법칙은 없다. 뉴질랜드 출생이면 키위라 부르는 추세이다. 물론 아시안 계도 마찬가지이다. 여담으로 한국계 뉴질랜드인들은 코위(Kowi)라 자칭한단다.

　다음으로 대한민국에서 통용되는 키위 과일이 있다. 처음엔 양다래라 하다가 참다래로 변하였지만, 키위라 많이 부른다. 한때 제주도 농부가 뉴질랜드 키위 농장에서 맛좋은 털이 거의 없는 황금 키위에 반하여 싹을 몰래 가져와 묘목을 분양하다가 뉴질랜드 '제프리' 사에 특허 소송에 말려서 제주 제프리로 합의 특허료를 낸다는 기사가 있었다.

　이곳은 지열로 유황 냄새가 강한 곳이다. 가까운 곳에 온천도 있단다. 아침 식사가 끝나고 레드우드 숲 산책에 나섰다. 울창하다기보다 거대한 수목원이다. 메타세쿼이아 숲으로 큰 나무의 밑동이 여자 셋에서 손 띠를 할 정도이니 거목이다. 높이는 150m는 됨직하다. 우리나라 가로수로 심어진 전남 곡성이 있으나 그 크기나 규모는 비교가 되지 않는다. 이 숲은 한 시간 길, 4시간, 8시간까지 색깔별 표지가 되어 우리 일행은 1시간 산책으로 걸었다. 늪이 있으나 유황으로 낙엽이 썩지 않은 듯싶다.

뉴질랜드는 뱀이 동물원이 아니면 볼 수 없단다. 화산지대로 유황이 많아서 살지 못하는 원인을 든다. 남섬은 다른 환경인데 거미는 보여도 양서류인 개구리를 볼 수 없었다. 그렇다면 뱀의 아래 생태가 형성되지 못한 원인도 있겠다. 거기에 뉴질랜드가 다른 섬과의 거리가 멀어 유입이 안 되었다고 본다. 호주와 비행기로 세 시간 거리이니…….

차로 두 시간가량 이동하여 거버먼트공원에 내렸다. 궁전과 같은 건물이 박물관이란다. 그때는 수리 중으로 입장 불가였다. 정원이 잘 꾸며져 있다. 꽃들과 나무들이 볼만하다. 잔디밭의 잔디 깎기는 차로 3m 정도가 한 번 지나며 깎인다. 이곳의 포우트카와라는 늘푸른나무를 이곳에선 트리나무라고도 한단다. 12월에 꽃이 피는 이 나무는 하얀 꽃망울에 싸였다가 터지며 빨간 작은 꽃들이 나타난다. 이곳에 명물은 지열이 나오는 둘레를 친 곳이다. 관으로 수집 장소로 보내는가 보다.

로토로라 시가지는 호숫가에 있다. 스카이라운지에서 점심을 먹기 위해 곤돌라에 탑승했다. 휴가철이라 손님들로 가득하다. 뷔페식에서 음식을 들고 있는데 비상 사이렌과 안내방송이 나온다. 식사하던 사람들은 모두 건물 밖 빈터로 나왔다. 우리 민방위 훈련과 같다. 소방관들은 지시하고 안전모가 머리 규격에 따라 색깔로 표시되었다. 물건을 판매하는 가게들도 셔터를 내렸다. 사람들은 질서있게 다음 안내를 기다린다. 한국 여행객 중 불만을 할 뿐 30여 분을 기다렸다. 위쪽 건물의 보수공사에서 문제가 생겼단다. 곤돌라도 모두 멈춰 섰다.

30여 분 뒤 훈련이 끝나고 레스토랑 손님들은 자기 자리로 돌아와 식사를 즐긴다. 멀리 로토로아호수를 바라보며 호사하였다. 이 레스토랑의 서빙 직원들은 일부러 한국, 일본, 중국 교민들을 뽑아 손님을 돕는다. 그만큼 여행객이 많은데, 대한 배려이겠다. 이곳의 초록빛 홍합이 글루탐산이 많이 함유 관절에 좋다는 소문이다. 우리나라 여행객들이 많이 찾는데 마누카 꿀도 마찬가지다. 꿀은 점도가 높다고 하는 게 500g 150~200불, 우리 꿀이 2.4kg에 5만 원이다.

**11. 뉴질랜드 복지의 아버지 마이클 조셉 기념공원**

점심 식사가 끝나고 뉴질랜드 마지막 밤이 될 오클랜드로 돌아온다. 도로에는 크리스마스를 앞둔 날이라 시내로 들어오는 차량은 붐비지 않으나 나가는 차량은 가다 서기를 계속한다. 조림지는 목재벌목을 끝내고 뿌리를 뽑아 쌓아놓은 곳들이 자주 보인다. 대부분 라디에타라는 미국 소나무로 벌목하여 껍질을 벗기면 목재와 사이에 유황성분 층이 있어서 식물성 유황으로 수출된단다. 식물성 유황은 한국에서 작물재배에 많이 쓰인다.

시가지에 들어서 중심가를 지나 남쪽 비치로드로 이동하며 요트들이 즐비한 해안을 지난다. 세계 도시에서 오클랜드가 요트 보유가 가장 많을 거란다. 남쪽의 신시가지 쪽에는 한인 타운도 있단다. 되돌려서 마이클 조셉 기념공원에 내렸다. 그는 1890년대 이 나라 초대 대통령으로 복지국가의 기초를 세웠단다. 기념공원이 있는 터는 마우리족의 사유지로 기꺼이 잘라 내주었단다. 길 건너편의 넓은 초지는 원주민의 땅이란다.

그의 명성은 홀몸으로 죽은 뒤 재산이 거의 무일푼이었단다. 또한, 국가를 세울 때 원주민의 권익을 최대한 보장하고 협상하여 선거공약으로 걸었기에 원주민의 절대적인 지지로 대통령에 오를 정도였다니 그만큼 신뢰를 얻은 것이다. 공원은 남태평양을 내려다보며 풀과 나무가 잘 가꿔져 있다. 뉴질랜드인들도 그의 업적을 기린단다. 그곳의 앞에 솟은 섬은 800여 년 전 화산의 폭발로 생긴 근래의 섬이란다.

뉴질랜드에 존경받는 또 다른 인물이 있다. 에드먼드 힐러리 경은 1953년 이 나라가 공황으로 어려울 때 영국 히말라야 원

정대의 일원으로 정상에 영국기를 꽂은 이다. 이어 뉴질랜드 남극 탐험대장으로 1954년 성공적으로 임무를 수행하였다. 그를 영국 왕실에서 백작의 작위를 수여하였다. 국민적 영웅으로 숭배하는 것은 저작료와 강연료로 히말라야 티베트에 많은 학교를 세워 그가 죽었을 때 세 번의 장례식을 치렀단다. 그의 조국 뉴질랜드, 티베트, 영국이었단다. 그의 기념공원은 아오라키 산 아랫마을에 있다.

오클랜드시가 유명한 이유는 근래 주변의 4시가 하나로 통합자치를 했다는 것이다. 재정의 지출을 줄이기 위해서 그 시장과 시의원들이 자리를 내려놓고 하나로 통합하였다. 지역의 발전을 위해 자기를 희생한다는 일이 민주주의라지만 쉽지 않은 일이다. 오클랜드 한인 이민의 역사는 1970년대란다. 초기 200여 명 재봉사로 들어와 자리 잡으며 지금은 3만 명에 이른단다. 함 가이드는 "저는 1990년대 외환위기에 옮겨 왔지요. 초기 이민 온 분들이 한인 학교를 세우고 지금까지 유지하여 교민 자녀들은 모국의 언어를 지키고 부모들의 특유한 교육열로 앞서가고 있습니다." 하였다.

저녁은 한식 요리로 한인이 운영하는 식당이다. 모처럼 된장찌개에 소주를 한 병 시켰더니 가이드께서 쏘셨다. 처음 안내 한재관 가이드도 나와서 무사 귀국을 축하하여주었다. 그러다 보니 소주가 세 병이나 치우게 되었다. 한 병이 18불이었으니

만오천 원이 넘는다. 저녁놀의 구름을 보며 오클랜드 가까운 호텔에서 뉴질랜드 11박의 밤을 보냈다.

 맑은 하늘, 구름, 깨끗한 환경은 모두의 노력으로 이뤄진다. 생각해보니 점심 도시락의 포장이 비닐이 아닌 종이봉투였다. 잊을 수 없는 느낌이 많은 여행이었다. 일행의 협조와 대화도 큰 도움이었다. 혜초여행사에도 고마움을 전한다.


## 12. 뉴질랜드 못다한 이야기

 글짓기나 블로그 포스팅은 자랑 같지만, 자신이 보고, 듣고, 겪은 일들을 혼자만 담아두지 않겠다는 생각이다. 그 발단은 옛이야기 '이야기 귀신'에 연유한다. 옛날 한 도련님이 글 읽기나 이야기 듣기를 좋아하면서 읽거나 들은 이야기는 하나도 남에게 해주지 않고 자기 보따리에 담아두었다지. 내 머리에는 그 집 종인 여자아이가 도련님이 장가가기 전날 부엌에서 불을 때다가 방안 시렁의 이야기보따리에 귀신들이 하는 이야기를 엿듣고 다음 날 도련님의 출행 길에 해코지를 피하게 도와서 면천하였다고 했어.

 오늘날 우리 국력이 커져 해외 여행객이 해마다 늘고 있다. 여행이 잦지 않은 나만 해도 호주, 필리핀, 일본, 유럽 5국, 중국 동북 삼성으로 9차례이다. 뉴질랜드 여행길의 동행인 여성분은 중국만 28회에 세계 50개국이 넘는 여행으로 인생을 즐기는 이가 있었다. 또 한 부부는 회사를 경영하면서도 1년이면 3~4회 해외를 다녀온단다. 아내가 나보다 서너 나라 더 다녀왔지만 우리는 여행에 애송이였다.

사실 여행기에서 시시콜콜 까지 밝히기는 그렇다. 밀포드 첫 산장에서 한 방에 두 부가 2층 침대가 배정되었다. 나의 코골이도 있지만, 아내는 더 심하여 50대의 부부 잠자리를 방해하지 않았나 미안한 마음이었다. 자고 일어나보니 머리맡에 놓았다고 생각되는 손목시계가 보이지 않는다. 값이야 별거 아니겠지만 정년퇴직하면서 40년 이상 근속 위로의 '황조근조훈장'을 받으며 대통령 하사 시계였다.

혹 다른 곳에 떨어뜨린 거 아닌가? 식당을 둘러보니 외국인 가이드가 '굿모닝'이다. '굿모닝'하고 몸 언어로 '워치?' 하고 물으니 'NO'란다. 다시 샤워장을 뒤지나 안 보인다. 걱정 어린 모습을 보고 한방에서 잔 유 사장도 함께 찾아봤으나 행방이 묘연하다. 아침을 먹고 출발 전 유 사장이

"이불을 다시 털어보죠." 하며 정리해둔 이불을 털어가는 도중 바닥에 부딪히는 소리가 있다. 만져보니 시계이다. 이불 홑청의 빈틈으로 들어갔나 보다. 얼마나 반갑던지….

"못 찾았다면 여행 내내 떠나지 않을 법했는데 유 사장이 걷어주셨네요. 고맙습니다."했다. 소지품을 놓고 가지 않도록 각성이 되어 주었다.

여행길의 정보를 공유하는 문제가 있다. 대체로 여행객은 지나는 곳의 정보를 안내자인 가이드의 설명에 의존한다. 앞선 이들은 여행 과정의 안내서를 미리 살펴두었다가 가이드의 설명과 비교해보고 일치하지 않을 때 제 삼의 자료로 정보의 정확성을 확인할 수 있다.

"저는 1990년대 이민하여 목장의 양 돌보는 일에서 개인택시, 어학원장을 하였지요, 아내에게 어학원을 넘기고 한국여행사의 요청에 따라 가이드를 하여 중상위 생활을 하지만 거기까지는 생각해보지 않았지만, 한국에서 자랄 때를 기억하여 고국에서 들깨를 들여와 앞 정원에는 들깨, 상치, 가지, 고추 등을 심고 뒤뜰에는 정원수를 심어요. 물론 채소는 이웃과 함께 나누죠."

한다. 나이가 들어서 얼굴이 두꺼워서인지 외국어 소통의 불만은 그리 없다. 아쉬운 대로 이해하고 몸짓으로 하지만 그게 부끄러울 수가 없다. 외국인 가이드들도 많은 비 언어권의 사람들을 만나서인지 통하지 않는 걸 탓하지 않는다. 가장 행복한 언어는 미소였다. '웃는 얼굴에 침 뱉을 수 없다.' 듯 함께 한다는 결속을 미소로 전하는 것이다.

예부터 인생을 가르치는 말에 진정한 벗을 알아보려면 함께 여행을 해 보라고 한다. 친구의 진면목을 빨리 관찰할 거라는 것이다. 다음으로 음식을 먹어보라 한다. 그리고 오락을 해 보면 상대의 본심이 드러난다는 것이다. 여행은 이 모두를 쉽게 발견할 수 있다. 아무리 빼어난 경관을 가진 여행지라도 함께 하는 사람이 어떤 사람이냐에 따라 감흥은 달라진다. 술자리도 어떤 사람과 자리하느냐는 경우에 따라 달라진다. 아무튼, 여행에 알고 있는 것들도 여럿이 나눈다면 이야기 도깨비의 해코지는 없겠지?

# 초원과 사막에서 우리 뿌리를 엿보다
2024. 06. 29~07. 09. 몽골여행

### 초원의 나라 몽골입성

코로나 시국부터 벼르던 여행입니다. 여행사 참여 신청에 탈락하여 넘보던 때 12월 블로그에 별 사진 찍기 좋아하는 블로그 이웃과 연결 일행이 되었습니다.

농부로 한창 작물을 가꾸는 때 10여 일 시간을 빼기는 쉬운 일이 아니었습니다. 6월 29일 인천공항 출발로 28일 늦은 시각까지 들깨 씨를 넣었지요.

29일 6시 인천공항행 버스 휴일 엄청난 인파의 출국장을 거쳐 몽골행 공항대기실에서 일행 12명이 합류 몽골행 대한항공에 올랐습니다. 3시간 비행 끝에 울란바토르공항(칭기즈칸 공항)에 도착 공항 건물만 덩그렇습니다. 초원의 나라 몽골입니다. 알려진 바와 같이 도로가 열악합니다. 고속도로를 달리는데 우리나라 지방도로보다 못합니다.

공항에 나무 한 그루 없는 초원 말, 소, 양들이 한가롭습니다. 테를지국립공원에 들어서며 나무다운 나무를 볼 수 있네요. 공원 안 게르 숙소에 짐을 넣고 점심을 먹었습니다.

거북바위를 거쳐 아리사발 사원에 들렀습니다. 진기한 야생화가 만발하여 애기원추리, 동자꽃, 층층이꽃 등 우리나라에서 보던 꽃과 이름을 알 수 없는 꽃이 즐비합니다. 엉겅퀴가 분명한데 키가 작습니다. 찬 기온에 적응한 듯싶습니다. 명상사원으로 알려진 사원은 러시아 침공 때 허물어졌다가 1990년대 복원되었답니다.

저녁 식사는 양고기가 곁들여진 음식이지만 먹을 만합니다. 테를지국립공원숙소 게르에서 눈이 떴습니다. 모두 잠에서 고요합니다. 밤사이 비가 내려 초원이 싱그럽네요. 산책에 나섰습니다. 소들이 밤비를 맞고 새김질을 하며 길손에게 눈을 끔뻑거립니다. 자동차가 다닌 길을 좇아 한 시간을 걸었습니다. 숙소에 들어오니 낙타 두 마리가 게르 주변에서 풀을 뜯는 모습이 몽골을 느끼게 합니다.

만달고비로 달리는 고속도로는 팬 곳투성입니다. 운전기사들은 익숙한지 잘도 피해갑니다. 어쩌다 웅덩이를 피하지 못하면 차체가 요동을 칩니다.

저녁 가까이 돈드고비 차강소 부락에 도착했습니다. 원시시대 바다 바닥의 진흙이 융기되며 절벽으로 굳어진 곳이랍니다. 사막의 진수로 이곳이 일몰에 비친 모습을 위해 시간을 맞춘답니다. 미국 그랜드캐니언의 50/1 축소판으로 표현하기도 합니다. 찾아온 여행객들이 여러 팀입니다. 인증샷을 위해 열심입니다. 100여m 낮은 지대로 내려가 사진에 담는 사람들도 있습니다.

7월 고비사막에서 일출을

　사막의 고비미라지 캠프에서 먼동이 틉니다. 한국과 1시간의 시차로 5시에 사막에 들어섭니다. 어제 차가 들어온 길을 따라 모래와 자갈이 섞인 길입니다.

　문득 고향에서 상여가 나갈 때 상엿소리에 '이제 가면 언제 오나 '어헤이 어헤' 북망산천 가는 길……' 이 북망산천이 고비가 아닌지? 역사로 볼 때 5천 년 전 고조선 환인, 환웅, 단군에 걸쳐 북망산천에서 백두산 신단수 아래 자리 잡은 것입니다.
　또 이곳에서 한국의 서낭당 경험을 봅니다. '워훼이'라는 돌무더기가 있는데 워훼이 소리가 낯선 게 아닙니다. 고향에서 망자(亡者 : 죽은 사람)가 생기면 망인의 옷을 지붕에 던지며 워훼이 소리를 했지요. 자신이 가야 할 북망산천을 미리 답사하는 심정입니다. 지평선의 일출 모습에서 먼 조상들의 혼령이

'우리를 잊지 말아라.' 하는 듯 구천을 떠도는 조상의 안식처에서 옷깃을 여밉니다. 먼 먼 조상이 온 곳, 혼령이 되돌아간다고 믿어온 곳.

2024년 7월의 첫날 사막에서 일출을 맞습니다. 지평선에 내 일생 가장 긴 그림자를 남깁니다.

한 시간여 산책에서 고비미라지 캠프에 돌아왔습니다. 몽골 전통복장의 처녀가 캠프 입구를 다녀오는 걸 봤습니다. 무슨 행사가 있나 지나쳤지요. 우리 여행팀이 아침 식사를 마치고 출발을 위해 주차장에 나왔을 때 그 이유를 찾았습니다. 수호르고흐 정겨운 몽골전통 행사를 위한 것입니다.

전통복장의 소녀는 작은 우유 통에 붓과 같은 걸 들고나와 자동차 바퀴에 우유를 뿌립니다. 몽골 어로 '수오르고흐'랍니다. 오신 손님의 가는 길 안녕히 가시라는 의식입니다. 안전운행을 빌어주는 것이죠. 안녕히 가십시오. 말보다 정겨운 전통입니다.

묵은 숙소마다 여행객의 짐은 게르 앞까지 가져다주는 청소년들이 있습니다. 갈 때는 자동차 앞까지 가져다주네요. 우리 일행의 짐은 일반 여행객과 비교하기 힘든 트렁크가 2~3개입니다. 얼마나 다행인지 모르겠습니다. 별을 찍는 이들이라 장비가 많습니다. 숙소에 대기하는 젊은이들이 손수레로 짐을 날라주는 배려가 보기 좋습니다.

몽골의 고비사막

 몽골의 고비를 포함한 사막이 43%랍니다. 사막이 더 진행되어 걱정인 이 나라는 대부분 산업이 사막에서 이루어집니다. 세계에서 유일한 국가통계에 소, 양, 말, 낙타의 수가 들어갑니다. 서남부 대부분 고비가 붙은 지대에 따라 자갈과 황토와 자갈, 모래 형성이 다릅니다. 바위산에 풀이 보이지 않은 곳도 있어요. 바람의 세기도 다릅니다. 기온도 다릅니다. 사막입니다.

 홍거링엘스 라는 모래언덕과 모래 산이 있는 곳은 가는 모래에 바람이 심하여 모래 산맥이 280km, 폭이 26lm에 높이가 100여m에 이르기도 합니다. 관광객이 많이 찾는 이곳은 풀이 자라는 초지, 낙타를 번식하는 곳, 습지를 지나는 데크 다리도 있습니다. 모래언덕과 산에 모래 썰매를 끌고 신발을 오르막 아래 벗어놓고 오르네요. 언덕의 형태는 바람이 센 날은 쉽게 변합니다. 아래쪽 풀들이 듬성듬성, 거의 자라지 못하는 곳도 있습니다.

 길을 따라 풀이 더 나 있어서 가축은 풀을 뜯네요. 북쪽으로 갈수록 낙타, 소, 양, 말들이 있습니다. 말은 초지가 좋은 환경에 삽니다. 입구 쪽에 강이 흐릅니다. 붓꽃이 참 많습니다. 사막에 자라는 키 작은 나무들은 낙타의 먹이가 된답니다.

 6일간 길이 없는 사막을 달렸습니다. 여행 전 아내에게 동행을 권했습니다.

"내 허리가 안 좋은데 덜컹 길에 온전하지 못할까 걱정되어 포기하겠어요."

몽골 여행을 다녀온 이의 전하는 말을 들었나 봅니다. 성한 자신의 허리도 뒤틀리는 여행에서 밤이면 아이고 소리가 날 지경입니다. 아내의 여행 포기는 신의 한 수입니다.

우리나라에 황사는 4~5월에 나타납니다. 고비와 내몽골의 황사가 기류를 타고 옵니다. 차간소바라카나 바얀작 절벽이 황토이듯 고비 대부분 아래가 황토의 형성입니다. 동남쪽의 초원지대로 오며 호수와 내가 흐르는 곳에 질흙은 벽돌의 재료가 되었습니다.

바얀작은 차간소보라 보다 낮은 황토 절벽입니다. 이곳은 1920년대 공룡 발굴 현장입니다. 지금도 공룡알 화석이 나온답니다. 바얀은 몽골어에서 '많다' 작은 '작나무' 작나무가 많은 곳이란 뜻인데 근처 작나무 자생지가 있습니다. 작나무는 3~4m까지 자라는 바늘잎 나무인데 꺾어 보니 사막에서 수분 저장 구실을 하는 선인장과 같습니다.

6박 고비사막에서 취침은 몽골전통 둥근 형태의 게르에서였습니다. 낮에는 끝 간데없는 지평선의 차량 이동입니다. 두세 시간 운행 중 쉼을 합니다. 황량한 사막에도 생명 있음을 봅니다. 키 작은 하얀 꽃이 보입니다. 구멍도 있습니다. 야생토끼들이 산답니다. 재빠른 도마뱀이 보입니다. 독수리들은 동물의 사체를 청소합니다. 중동사막과는 달리 뱀 종류는 없나 봅니다.

사막에서 작은 자갈돌도 무게가 상당합니다. 광물이라 그런 답니다. 지하자원의 보고 몽골로 부상할 땅이랍니다. 문제는 기술과 자금, 내륙인 환경에서 운송의 문제가 큽니다. 한국 기업가도 광산개발에 뛰어든 이가 있답니다. 3년 전 유례없는 홍수로 광산 사고가 나서 재판 중인가 봅니다.

사막을 횡단하는 낮에는 지평선 멀리 하늘과 닿는 곳에 희뿌연 강과 같은 모습이 보입니다. 책에서 읽던 신기루입니다. 이곳에서는 이를 '지르글래'라 한답니다. 지열에 의해 나타나는 허상입니다. 비포장도로에 운전기사의 가늠에 의한 운전이니 허리 안 좋은 여행객은 고난의 길입니다. 세계에서 시력이 제일 좋은 사람들이 몽골인이라 들었는데 운전기사들 사막에서 길 찾는 솜씨는 놀랍니다. 밤길은 별을 이용하지만, 안개 낀 곳에선 속수무책 온 길을 되돌리기도 합니다.

### 칭기즈칸의 애환이 서린 카라코룸과 마유주

6일간의 고비사막을 벗어나 카라코룸에 도착 도심의 면모를 볼 수 있었다. 4개의 성문으로 형성된 성곽은 1220년 칭기즈칸이 수도를 건설하라는 명령으로 세워진 카라코룸은 오고 타이 시기에 완성되었다. 몽골 수도 건설로 카라코룸은 아시아 전역과 유럽의 상인, 고위 관리, 기술자들이 모여 사는 활기찬 도시였다. 카라코룸은 행정, 교역, 문화 중심지였을 뿐만 아니라 유럽과 아시아를 연결하는 접점이기도 했단다.

 40년간 번영을 누렸던 카라코룸이 저물기 시작한 시기는 쿠빌라이가 수도를 베이징으로 이전하면서부터다. 수도가 베이징으로 바뀌고 몽골제국이 몰락하면서 카라코룸은 버려졌고 1388년 복수심에 불탄 만주 군인들에 의해 파괴되었다. 울란바토르에 겨울 궁전은 수도를 베이징으로 옮기고, 북경의 여름을 겨울 궁전에서 보낸 것으로 기록된다. 이곳의 건축양식은 눈에 익은데 귀국하여 자료를 살피니 한국의 목조양식에 영향을 미쳤다는 설명이 있었다.

 현재 모습은 16세기 에르덴조 불교사원으로 승려, 종교 중심이었으나 러시아 점령 시 승려, 절 학살과 파괴가 있었다. 두 번째 수난을 겪은 옛 몽골 수도이다. 하룻밤을 게르에서 지내고 아침 산책에 나서보니 교통의 요지로 산으로 둘러싸인 아늑한 곳이었다. 강이 흐르고 제법 키 큰 나무들이 있었다. 러시아 자작나무들이란다.

 울란바토르를 향한 길은 고속도로로 포장도로이다. 한 시간여 달리다 초원의 말 목장에 차가 멈춰진다. 3대의 우리 일행을 태운 기사들이 7일 만에 귀가하기에 이곳에서 말젖술을 사간다. 여행객도 원하면 한 잔씩 내주었다. 시큼한 향의 이 술은 말이나 야크 등 동물의 젖을 발효시킨 술로 도수는 2도 내외인가보다.

　몽골 전통주로 아이락은 본래 몽골어로 '발효주'란 뜻이다. 이 때문에 맥주도 몽골어로 '샤르 아이락(Шар айрар, 노란 아이락)'이라 한다. 한국과 일본에서는 '아이락'보다 '마유주(馬乳酒)'란 명칭으로 더 유명한데, 실제 몽골에서는 말젖뿐만 아니라 야크, 소 등에서 얻은 우유로도 만들지만, 말젖으로 만드는 게 제일 효율적이기 때문에 말젖이 주류이므로 마유주란 번역이 틀린 게 아니다. -나무위키 아이락 참조-

　아이락은 말이 뜯는 풀에 따라, 발효기술에, 기온에 따라 맛이 달라진단다. 이곳의 어미 말은 방목인데 망아지는 묶어놓았다. 아침, 저녁 어미 말이 망아지에게 젖을 먹이고 남은 젖을 쉽게 얻기 위한 방편이란다.

**울란바토르 2박 의지의 한국인**

　카라코룸에서 출발하며

　"울란바토르 출퇴근 시간 교통 혼잡이 대단합니다. 일찍 도착해야 합니다."

　사막에서 아침 식사가 8시에 이루어지던 것이 그곳에서는 7시였다. 8시 출발 500km 이상 여정이 말 목장에서 쉬어 고속도로를 계속 달렸다. 중간 휴게소와 비슷한 곳에서 몽골식 우동으로 점심을 먹었다. 독수리들이 많이 보인다. 3시경 울란바토르 중심부에 자리한 'UB 그랜드호텔에 짐을 내렸다. 다른 일정이 없이 6시경 차량으로 식당에 도착했다. 김치가 나오는 샤부샤부 음식이다. 식당 종업원들 거의 한국말에 익숙하다. 주인아주머니는 한국인인가보다.

몽골에 입성 8일 만에 호텔에서 자게 되었다. 2인 1실인데 짝은 미국에서 온 현 사장이다. 게르에서도 줄곧 짝이었기에 연배로 대화가 편했다. 따로 이분의 미국이민을 쓸 계획이다. 다음날 4시 잠이 깨어 샤워를 마친 뒤 산책에 나섰다. 시가지가 계획도시로 직각을 이루었기에 기준점을 생각하면 길 잃을 염려는 없겠다.

중앙부로 수흐바타르 광장에서는 군인들의 사열 연습이 있었다. 수흐바타르는 몽골의 젊은 정치가로 몽골공화국으로 독립선포를 시킨 추앙받는 인물이란다. 사열 연습은 군악대를 앞세운 시가행진을 위한 연습인가보다. 몽골전통의 여름 축제가 며칠 후 열린다. 나담(naadam)은 해마다 7월 11일~7월 13일까지 몽골 전역에 걸쳐 즐기는 전국적인 축제로, 씨름·말타기·활쏘기 등 3가지의 전통 경기가 주를 이룬다.

중앙 광장을 지나니 서울 거리가 나온다. 한국 정자가 있다. 가로수에 소나무도 많이 보인다. 뒤이어 '이태준 선생 공원'이 있다. 동상을 사진에 담을 수 있었지만 아쉽게 몽골어로만 있어 자세한 건 따로 자료를 검색 정리한다. 이태준 선생은 우리나라가 일제 강점기에 북경에서 개업하다가 몽골의 열악한 의료상황을 알고 울란바토르로 옮겼다. 당시 몽골은 '매독'이라는 성병의 창궐로 태아에서 사망이 빈번했단다. 번지는 소문으로는 청나라가 몽골 말살을 위해 매독을 퍼트렸다는 말까지 있었다. 이 선생은 어려운 사람들은 봉사로 매독 퇴치에 매진하여 몽골에서 존경받는 의사로 공로 훈장을 받은 분이다.

조금 더 지나니 고궁 건물이 보인다. 궁금증은 사진으로 가이드에게 물을 생각이었다. 바로 관광지인 복드칸 겨울 궁전이었다. 7개의 티베트 불교사원과 주거 목적의 남동 쪽의 러시아 풍의 2층 궁전만 남아있다. 건물에는 몽골의 고유 건축양식이 적용되어 한국이나 중국 등 다른 동아시아 국가들의 궁전들과는 비슷하면서도 이질적인 양식들이 눈에 띈다. 단청 같이 은근히 중국이나 일본 건물보다 한국 고건물과 비슷하게 느껴지는 부분도 많다. 내부에는 티베트 불교 탱화 등 불교 미술품들과 차르가 보낸 금빛 장화, 80마리의 여우 모피로 만든 예복, 눈표범 150마리의 가죽으로 장식한 게르, 몽골 독립 선언서 등의 전시품이 있다. 이곳은 사진을 담을 수 없다. 촬영은 별도 요금을 지급해야 한단다.

투멘에크는 몽골 전통음악을 경험할 수 있는 공연이다. 초록

색 사자 동상이 반기는 분홍색 건물로 입장하면 몽골풍 그림이 그려진 문이 나타난다. 들어서면 전통 의상 차림의 배우들이 탈을 착용하고 노래와 춤을 선보인다.

몽골의 마지막 저녁은 운 좋게 일행의 친구가 운영하는 울란바토르 강남의 'ZALAAT'에서 삼겹살과 불고기의 푸짐한 만찬이었다. 울란바토르에 동서로 흐르는 튤강이 있다. 파리로 하면 센강과 비슷한 강폭이 좁다. 음식점주인은 한국인으로 6년 만에 성공한 사장님이란다. 몽골 상류들만 받는 음식점이란다. 상차림에 적상추, 열무김치, 부추김치는 어디에서 맛보기 힘든 솜씨였다. 대화가 풍성하고 술잔이 돌아갔다.

긴 술자리가 부담되어 밖에 나왔더니 주인이

"언덕에 올라 울란바토르 시가지를 전망하실래요?"

차에 오르라 하여 일행 4명이 10여 분 올랐다. 해지는 울란바토르를 한눈에 들어온다.

"이 일대가 제가 조림한 저의 땅입니다. 이만 평이 넘지요."

"울란바토르에 한국식당도 많나요?"

"예, 78개로 모임을 이끌고 있죠."

"음식점 주변 나무가 많이 심어졌던데……."

"입구의 러시아 자작나무는 4년이고요. 봄이면 귀국하여 묘목을 사 옵니다. 건물 옆 세워진 중장비로 조림작업을 하지요."

50대의 자신만만한 의지의 한국인이다.

## 고비사막을 누빈 별쟁이들의 이방인

 이번 몽골여행이 9박 11일을 이방인으로 느낀 게 확실합니다. 일행 12명에서 저의 여행 가방이 오직 하나였지요. 그들의 두세 개, 짐으로 발생한 추가비용을 내라는 대로 지급해야 일행의 한 사람이죠. 여행 전 여기까지 생각은 못 했습니다. 예약했다니 외국 여행에 익숙한 아이가,

 "아빠, 거기 낀 거 후회 않겠어요?"

 "전문 여행업체보다 다르겠지? 그래도 블로그에서 리더의 진정성을 믿어."

 짐작은 했지만, 일행과 대화, 가이드 인솔 그냥 그러려니 하며 지내왔지만 까탈스러웠다면, 모두가 힘들지요.

 합류를 결정하며 나이 든 사람이 끼어 일행에 짐이 되지 않아야 한다는 걱정이었습니다. 일행은 12명이었습니다. 인천공항 출국 몽골행 대기실에서 처음으로 대면하는 일행입니다. 미국인 교포 현 사장, 호주에서 온 부부, 부산 2, 군산 2, 의정부, 성남, 강남, 경주 그리고 파주입니다. 여자분이 두 명입니다. 각자 비행기 탑승권을 구했기에 3시간 가까이 탑승 후 몽골의 울란바토르공항 대합실에서 모였습니다.

 여행 중 대화는 별 사진 일색입니다. 대체로 두 종류인 듯싶습니다. 한 편은 성운과 은하수, 은하수 파노라마촬영입니다. 토스토프로, 솔드아웃, 적도의, 배가 등 일반인으로 알아듣기

어려운 용어들입니다. 자기들만의 세상에 사는 이들입니다. 이동 중 차에서, 식사시간 끊이지 않습니다.

몽골의 5~7월 기간이 별을 사진에 담기 가장 좋은 시기인가 봅니다. 우리나라에서는 미세먼지 공해로 마땅한 곳이 해마다 사라지나 봅니다. 이들이 꼽는 별 사진으로 몽골, 미국, 아이슬란드를 꼽습니다. 오직 하나의 별 사진을 위해 고비사막 6일 야행성 동행입니다. 10시부터 새벽까지 카메라를 3대까지 설치하고 옆에서 말 걸기까지 싫어합니다. 익히지 못한 한 일행은 발을 동동 구릅니다. 이들 시각에 맞춰지니 오전 시간은 비워집니다. 낙타체험에 참여한 건 5명이었으니까요.

참가 일행의 사진 솜씨는 자타가 공인하는 별 사진 전문가입니다. 여행 후 올린 공지에 군산 동행 작가는 2024 대한민국 사진전람회 특선에 뽑혀 축하해 주었습니다. 일반 스마트폰 사진도 이들이 잡아준 사진은 자신의 솜씨와 다른데 감탄하기도 했습니다. 여기에 올린 사진들 모두 카톡방에 올린 허락된 작가들 솜씨입니다. 함께한 시간 고맙습니다.

**몽골여행에 동참한 미국에서 온 노익장(老益壯)**

몽골여행에서 이방인처럼 따로 놀았지만 큰 불만은 없습니다. 거기엔 미국교포로 일행에 합류한 현 회장 덕택입니다. 그는 여행 둘째 날 차량 4대의 동승으로부터입니다. 나이대접한다고 원래 3대 계획이 개인 짐이 많아 긴급 투입된 차량에 배정되었습니다.

"미국 생활은 얼마나 됩니까?"

"45년인가 봐요."

"저보다 연배인 듯싶은데 춘추는요?"

"부끄럽네요. 살짝 귀띔인데 여든둘입니다. 일행에는 비밀로."

"저는 동년배로 보았습니다. 저보다 한참 선배님입니다. 노익장(老益壯)이십니다."

이렇게 여행이 시작되었다. 여행을 신청하면서 비용을 더 부담하더라도 1인실을 희망 첫날은 1인 게르를 이용했습니다. 고비사막의 잠자리 배정이 2~3인이 되어 울란바토르까지 한 공간에서 지내다 보니 좋은 인연이 되었습니다.

1970년 중반 월남전 경기가 끝나고 중동 건설의 교두보 역을 했답니다. 영어에 능숙하여 이란에서 최초의 큰 공사를 성사시켜 계약금을 직접 가져오는 귀국에 정작 가족에게는 흔한 초콜릿 하나 주지 못한 게 한이었답니다. 직장을 미 대사관으로 옮겼다가 미국에서 사업의 꿈을 안고 1979년 맨발로 미국행을 하였답니다.

"40년 넘게 미국 생활을 하다가 보니 한국말이 어눌해져요. 강산이 4번 이상 바뀌었는데."

"그래도, 말씨에서 흠잡을 곳 없는데요."

"미국에서 기업을 하면서도 본국과 관련된 일이라 1년 대여섯 차례는 들리지요. 회사에도 한국인 직원이 있고요. 한국에서 회사에 협의차 오는 이들은 대부분 접견하지요. 회사가 셋인데 지금은 아들과 사위들에게 물려주고 고문역만 합니다."

"회장님이세요."

사막의 숙소에서 9시면 어두워져 카메라 기구가 든 가방과 삼각대를 들고 사막으로 나섭니다. 자신은 이른 잠 습관으로 10시면 잠자리에 듭니다. 사막에서는 전기사정이 좋지 않아 11시면 칠흑입니다. 사막에서 6일 하루를 제외하고 구름이 없는 하늘이라 일행들은 만족하였습니다. 짝꿍도 은하수 파노라마 몇 컷을 건졌다고 기뻐합니다.

"미국에서도 은하수 탐색 연구대회가 있어 몇 번 참석해봤지만 이번에 별자리에 대해 정확히 인지했어요. 일행에서 임 작가나 정 작가가 친절하게 가르쳐주어 내년 6월 몽골행을 생각해봤네요."

"대단하십니다. 미국에서 몽골행까지 생각하시고."

"언제 가는지 모르지만, 사업을 물려주면서 나름대로 취미생활을 하고 싶었지요. 외로움을 달랠. 미국이나 아이슬란드 은하수 사진 출사를 다녔지만, 몽골의 매력은 남달라요. 사막의 승용차가 아닌 울란바토르공항에서 국내선 고비 울기공항으로 이동하면 30여 시간의 사막여행이 2~3시간으로 욕심나요."

  귀국하여 선영에 성묘한 뒤 사업협의 후 임진각 안내를 자청하였다. 가는 날이 장날이라고 약속한 날 문산 폭우는 660mm를 기록. 가을 귀국 방문 약속을 하고 21일 출국하였습니다.

  나이를 잊은 회장님의 행보 건강하시고 항상 행운이 함께하시길. 이 글로 몽골여행을 맺습니다.

## 욕심의 크기

네이버 블로그가 20년 생일 이래
내 시작 18년이니 팔팔한 나이였네
그 즈음 활자 적어도 많은 글 끌렸었지

이웃들 주렁주렁 자랑 질 할만 했네
천 넘는 이웃 중에 며칠간 보이잖음
걱정이 되는 이웃이 고마운 이웃이여

세월이 흐르면서 시력이 약해졌나
큰 글씨 반갑더라 량보다 질이라니
많은 걸 바라지 말고 알뜰 터 가꾸세나

# 5

## 시조를 즐기다

## 내가 가는 세상

세상에 응애 소리 정지에 새겼기에
피 흘려 태어남은 자라서 큰일 낸다고
아버지 이름 지으며 둥글둥글 살아라.

산 위에 올라서서 육지를 바라보며
저곳이 꿈을 펼 땅 바람아 불어봐라
마파람 불리던 기대 가는 곳이 훈훈타.

들판에 홀로 선 나무의 빈 마음에
새들이 쉬어가고 바람이 머뭇거려
언제나 종종걸음에 어깨동무 되더이.

서로 간 부대낌에 어려움 없으련만
미소로 듣는다면 앙금이 생기겠나?
열린 마음 마음이 무지개로 떠오른다.
 높은 곳 올라서면 세상에서 높은 사람
어린 날 외침이야 못다 한 꿈이지만
아직도 늦지 않다면 이뤄나갈 삶 누리

뿌리

약수터 맑은 물이
어디서 왔느냐고
향기의 열매들도 겪어온 길 있잖겠나
무리 중 사람이기에 뿌리 생각 기특해

누군가 나의 뿌리
되짚어 붙잡으면
어쩌다 세월 잘 만나 닦인 길손 보탰지
조상님 거친 자갈길 잊고서 꽃피겠나

하늘과 땅이 있어
사람이 이어짐에
저 잘나 우뚝 하나? 조상의 은공 잊고
뿌리를 저버린 위인(爲人) 누릴 삶 푸질 건가

## 잿밥과 맑은 술을 올리며

임 가신 하루 전날
피붙이 한자리에
음식을 차려놓고 향 내음 가득한 방
임 모습 되새기는 밤 흔들리는 촛불이

해마다 이날 되어
별일을 제쳐두고
친척을 마주하며 가신 님 영정 사진
잔잔한 미소에 마음만 오가는 정겨움

생전에 뵙지 못한
후손이 되었어도
진하게 흘러내려 서로에 가슴 적심이
가신 님 보살펴주사 벋어나는 자손들.

발 많이도 걸었구나



하루 일 끝나고서
양말을 벗었을 때
거룩한 자취 거죽 맨살로 드러나다
하루의 걸어온 자국 주름의 민낯이라

눈뜨고 시작되는
종종걸음 앓을 나이
익혀진 버릇 탓을 어디에 내놓을까
앉아서 먼산바라기 그보다야 낫더이

칠십을 중반으로
접어든 세월이야
애써서 팔팔한 척 발자취 그늘 잡혀
틈새 난 발톱 언저리 세월이 굽이굽이

## 시조 길을 헤매다

고샅길 따라가다
막다른 곳에 서면
집집의 음식 냄새 소올솔 나던 옛길
글자 수 알맞게 펼쳐 선현 자취 더듬다

젊은 이 노래에는
흥얼거려 나타낸 말
표현이 다른데도 의미는 있으니까
유행이 대세인 세대 시조 잣 귀 즐기랴

뉘라도 신선하게
와 닿는 맛과 멋의
가깝게 향기 높은 다정한 집 지으려든
맞춤 글 떠오를 때면 기록하여 놓칠까

## 살면서 거저가 있으랴

세상에 공짜 없다 사람들 말하면서
거저 생긴 것이라고 화들짝 놀라지만
따지면 거저 얻는 것 하난들 있던가요?

어린 날 용돈 받아 거저라 여기지만
세상의 이치 알면 어르신 섬겨야 해
받으면 되갚는 섭리 알아야 사람 노릇

우리의 식탁에는 아내의 정성 한 상
식재료 앞에 놓고 지질까 볶아낼까
가족의 건강 생각에 차려진 식탁인걸

자연을 벗 삼으면 마음이 편해져요
가꾸는 수고로움 기쁨은 배가 되지
풀 깎아 건사한 농장 반디가 반짝여요.

## 엄지족이 여는 세상

새로운 세상에서 손가락 손전화기
손안에 은행 일과 장보기 빨리빨리
바람에 흔들리다가 날아가는 내 꿈길

SNS 세상 되니 취미가 밥 먹여줘?
세상이 달라지니 일감이 돈벌이로
상상을 뛰어넘어서 엄지족 훈풍탄다

정이란 오가는 거 손끝에 오간다니
댓글과 공감 표현 와닿는 밝은 세상
무지개 멀지 않은 곳 넘실대는 엄지족

## 세월의 자취

머릿결 희끗희끗
어르신 부럽다나
나이 든 행복으로 모든 게 자유롭다?
듣기에 좋으란 말에 좌장이 흔들린다

부모님 형들 그늘
다복솔 시절에는
온갖 일 등 뒤에서 풍파는 비껴갔지
어르신 자리 지킴은 보듬어 도닥도닥

큰 나무 자리매김
듬직해 있어야지
휘둘려 갈팡질팡 지키지 못해서야
집안의 지킴이라고 윗대를 먹칠하지

### 손자가 태어나다

하늘연달 초이틀에
아이가 태어났오
김가네 장손으로
하늘이 보내셨어
새 생명 축복 담아서 무럭무럭 자라라

우리의 탄생 신화
삼신할미 점지하여
부모의 태교 정성
힘들게 보듬어서
열 달 만에 세상 빛 보니 경사로다 빛밭터

심성이 갖춰짐은
가문의 환경이지
아무쪼록 무탈하게
하늘 땅 보우하사
큰 일꾼 가꿔지기를 할아버지 두 손 모아

## 손녀의 돌잔치

맞벌이 아들 내외
첫애의 돌잔치라
집에서 치른다니
잘한다 격려하고
할아비 목욕재계로 조상 전에 고했다

양가집 친족 불러
뜻깊은 행사로다
너에게 펼칠 세상
돌상 앞 떠들썩타
부모의 욕심 줄이면 새싹 세상 드넓다

새싹이 튼실하니
많은 손 필요찮다
잘 자랄 어린싹에
덕담이 오간다면
돌잔치 무얼 잽힌들 너의 세상 밝구나

고희

한 소년 걸어온 길
70이 되었다니
누구나 먹는 나이
곱씹어 생각하면
걸맞은 나잇값 했나 부끄럽지 않은지?

자라온 고향 산천
삼삼한 고샅길 흙담
정든 님 산기슭에
성묫길 무겁더라

변해온 세월 사이
회오리도 넘겼다
장밋빛 인생길을
꾸미지 못했으나
일가를 이룬 발길은 두루두루 고맙다.

## 삶의 여정에서 더딤과 빠름

살아온 나날 더듬다 먼 길도 터벅터벅
연락이 인편이라 빠르면 전보였다
그래도 그때 정감이 새록새록 피어났다

축지법 이야기에 그 옛날 귀 쫑긋
걷는 길 꿈꾸기에 앞날을 그려봤다
서울의 전화 알림을 확성기로 알린 시절

집 전화 모두 갖고 먼 소식도 텔레비로
빠름을 재촉하여 컴퓨터 전자우편
전국이 하루 생활권 너무 빨라 핑핑 돈다

더 빨리 비행기길 자동차는 고속도로
공중전화 옛날얘기 아이들도 손전화요
나 보여? 화상 통화로 어디까지 빠를 건가

설날 생각만으로 따스해지는데



어버이 살아실 제
고향 집 새록새록
고샅길 담 너머로 창에 비친 방안 그림자
별님도 왁자지껄에 초롱초롱 밝더이다.

그믐날 상 물리고
묶은 세배 치사에
가족이 한자리에 세뱃돈 나누시며
한 말씀 덕담을 내려 서릿발도 녹더라

밤 지새 도란도란
재석의 해 지킴이
불 밝힌 마당 주변 액운이 발붙이랴
새해엔 누리에 만복 두루두루 푸져라

차례상 물리거든
세배를 올리면서

올 한 해 건안하셔 자녀 삶 지켜보시라
성묘를 나서는 걸음 다가서는 소망들

솔바람 구름 쉬는 곳
술 한 잔 올리오니
향 내음 스미듯이 가족의 새해 소망
집안의 만사형통이 조상님의 은덕이

### 옛날에 그랬다고 해도

살면서 살은 얘기 옛날엔 그랬다고
대보름 겪은 일이 그중에 하나인데
달 밝은 보름 이야기 어제오늘 같지만

저녁 해 떨어지면 아이들 눈칫거리
문간 밖 가고 있어 어른들 눈치 살펴
준비한 쥐불 놀잇감 꺼내어서 나선다

둥근달 높이 올라 달맞이 소원 빌고
바가지 떼거리로 밥 얻어 또래끼리
큰 그릇 쓱쓱 비벼서 한솥밥이 되었다

## 석양에 서서

그때엔 하루 생활 직장이 모두였지
퇴근 후 집에 들면 새끼 새 먹이 받듯
아이들 자란 뒤에는 얼굴 보기 어렵다

수십 년 그 생활에 안주해 젖어들다
직장이 살림 이뤄 물러설 땅 없었지
정년의 격려 박수에 지는 해를 보더라

준비된 땅 퇴직 후 농부로 입문하여
땀 흘려 가꾸어도 이웃과 나눔이지
말 없는 푸름이 아이 황혼길 손 기다린다.

## 사진의 의미

역사가 기록되는 사진이 찍혀지고
영상이 재생되면 그때 일 떠올라서
기록은 겉모습 그려 오래오래 남는 걸

찰칵의 순간에서 오랜 날 새록새록
시각에 담는 그릇 펼쳐진 큰 그릇에
보는 이 어렵지 않게 함께하는 여행길

먼 나라 여행길은 멀지만 가까운 곳
담겨진 모습으로 함께한 느낌에서
다가선 넓은 듯 좁아 역사까지 한순간